與佛對話

來自宇宙的拾堂高階心靈課

暢銷
改版

章成 M·FAN 著

自序

感謝宇宙間慈悲的力量

在我大四那年，台灣開始引進新時代（New Age）的譯作，我最早發現的是賽斯資料，那時厚厚的一本《靈魂永生》，字體就跟報紙字一樣小，裡面充滿結構複雜、邏輯嚴謹的英譯中句型，一段話裡面我算了算，至少就有一半讀不懂。但不知為何，卻覺得深受吸引，整天捧在手上、帶在身邊，一有空就讀，連後來當完兵去應徵工作，別人在緊張地準備筆試時，我還是捧著賽斯書猛K。書裡早已被我畫滿了線條、寫滿了筆記，光是賽斯的《靈魂的本質》就讀了六遍。

後來台灣陸續引進其他新時代書籍，歐林的《喜悅之道》、伊曼紐的《宇宙逍遙遊》、克里昂的《不要以人類的方式思考》、一直到《與神對話》系列，同樣深深吸引我反覆閱讀、琢磨。有一次想一想，才突然發現這些我鍾愛的書居然沒有一本是「人類」寫的！

看了這麼多來自高靈的書，當時，最羨慕的就是那些作者，我想，有高靈相伴的日子多好！有時候人生陷入困頓、恐懼的時候，好多好多問題如果可以問一問書中的高靈，那多好啊！但是我也只能反覆閱讀留存在紙頁上的信息，試著從裡面找到自己的答案，然而不免總有一股獨自在人生中摸索的孤獨感。

為什麼這些通靈書的作者能夠如此得天獨厚呢？我對真理的追求、對生命的探索也很認真，為什麼不能夠有一位高靈或天使出現，讓我親自好好地與之請教呢？有一段時間我常常這樣渴望著。但是後來開始閱讀克里希納．穆提的書，學習更深入質疑自己的每一個心念，進行我所謂的「樸素的禪修」以後，這樣的渴望就消失了。

多年後有一天，當時我已經在廣播界工作，應邀到一位前同事的節目中接受錄音訪問。按照約定時間到了錄音室，我卻發現前同事臉色發白，似乎很不舒服。我說：「你怎麼了？我看你臉色發白，是不是身體不舒服？如果不舒服的話，今天不錄也可以喔！我們再約別的時間。」

前同事說：「我不是身體不舒服，是……」她欲言又止，臉上出現我無法理解的痛苦表情，我楞在那兒等著她解釋，卻只見她臉上充滿矛盾的躊躇，表情十分煎熬。一會兒她終於擠出幾個字：「有人說要跟你說話……」

有人要跟我說話？我回過身看看錄音室門口，以為什麼人要進來。「不是這樣的……」她煎熬地說著。突然間，不知為何我居然領會過來了！我說：「知道了！沒關係！我可以接受的。」這時候我才看到前同事好像鬆了一口氣，但是她說：「你不要被我嚇到，我會做一些手勢，之後就會有人跟你說話，其實我知道是誰，祂是觀世音菩薩。」

然後她開始舉起雙手，在胸前打了一些手印，然後表情就變得安詳了。靜默了幾秒鐘，平日嗓音較為沈厚的她，突然發出輕細的高音：「章成，我來只是要告訴你，你現在的修行方式非常適合你，請繼續下去。如果你有什麼問題，現在也可以提出來。」

我的心臟跳得很快，我告訴自己，不管是何方神聖，總之，只要回歸到自我觀察的禪修就行了，不要迷惑於現象層面。於是我說：「可以討論關於『覺察』嗎？」

「可以，請說。」

我開始在心智裡搜尋問題，又一邊警覺地覺察自己的心念，結果根本提不出什麼問題，就這麼杵在那兒。於是正閉著眼睛、表情安詳的她露出慈祥的笑容，又開口了：「章成，你只要記得，你現在的修行方式，非常適合你，請繼續下去。記住，你現在的修行方式，非常適合你，請繼續下去。」語氣十分溫柔，卻堅定地強調了兩次。接著我看到前同事雙手再度打起手印來，等動作回歸平靜後，她便睜開了眼睛。

她再度看到我後顯得有些尷尬，但也終於鬆了一口氣。她跟我解釋說，自己不久前出現了類似的通靈現象，可是她信任的氣功師父卻告訴她這是不好的，於是她很擔心，不太希望這樣的現象再發生。然而今天要錄音之前，觀世音菩薩很清楚地說要來跟我說話，並且是一種很強烈的要求，讓她非常掙扎。正好她也想找我談談這樣的現象，也覺得我是可以信任的，但還是害怕自己可能會再一次被視為異類，甚至有病。

我哈哈大笑安慰她說：「我早就熟悉許多通靈書籍，也從中受到莫大的啟發，我相信有這樣的現象，請不要害怕，我能接受這樣的事情，而且，說不定祂們來跟你接觸，也可以帶給你更多智慧呢！」

她很高興我沒有把她當怪胎，後來我們又聊了一會兒，還把該做的訪問錄完了。然而當我與她告別走出錄音室之後，一股強烈的震撼感整個衝上腦門，讓我差點要扶著牆走路了。這才發現我一直以為自己早就接受所謂的通靈現象，但是當它確確實實發生在我認識多年的同事身上，並且就衝著我來時，我還是非常非常地震驚！

這是我這輩子第一次如此近距離面對通靈現象，現在回過頭來看，很多事件好像是刻意在引導我準備好接受這趟新旅程，但相對於許多後來聽到發生在別人身上的故事，我的歷程算是相當「溫和」，甚至平淡無奇。即使二〇〇四年高靈透過從來未曾閱讀靈性書籍、更不懂得禪修為何物的M來到我床畔，給予我禪修及人生的指引時，我內心多少還是不知道該怎麼去消化這樣的經驗。

因此高靈開始來給我上課之初，我也只敢把這樣的經驗讓身邊少數的朋友知道。漸漸地，當我感受到這些信息是如此具有啟發性時，我開始有了想將它分享得更廣的衝動，但我還是會害怕，我知道自己還沒有準備好。但另一方面，我又總覺得是因為自己害怕，把珍貴的東西埋沒了。然而高靈們卻表示這些訊息主要是針對我自己的成長，不是為了出版，當然如果我想分享，祂們也沒有意見。

一直到七年後的今天，我終於準備好了，而機緣也已成熟。於是這些我非常珍視、蘊含著珍貴智慧的信息，終於可以出現在大家面前。

現在，如果我提出對話的邀請，高靈就會出現，這對於十幾年前的自己而言，等於是美夢成真了。然而完全料想不到的是，我的心境卻已經大為不同。

自二〇〇九年《二〇一二重生預言》一書出版後，由於書末附有向高靈詢問二〇一二信息的紀錄，不少朋友表示很羨慕我能跟高靈接觸。但是當他們聽說我其實很少主動要求與高靈會晤，高靈平日也很少來跟我說話時，都很驚訝。其實現在的我已經深深體認到：面對高次元的祂們，就如同面對難能可貴的生命大師，我應該只有在自己認真思考過、真正必要的時候才去請益，這樣才是對偉大智慧的尊重，也才能真正對自己的成長有益處。如果說我想念的是博士班而不是幼稚園，我就要學習大部分的時候自己做研究才行，所以我不輕易提出對話的邀請。

而高靈們也的確很少主動來告訴我和M知識面的東西，只有在我們的人生陷入困境，並且經過奮力地反省和面對之後，祂們才會傳來一、兩個點醒我們的關鍵句。而當祂們給予我們關鍵性的指引時，我切實地體會到，如果之前我沒有先掉入泥沼裡，並且很認真地掙扎過，我對這些指引也不會有深刻的體會。我自己當了心靈老師以後更能深切體認，唯有抓對時機的指引，才會對一個人的成長真正有所助益。

所以人生必須經過自己充分地歷練、認真地思索，到了一個累積足夠的關鍵時刻，才會一點就通。這也就是「大音希聲」的道理。有經驗的老師都懂得保持沈默，能成長的學生則會懂得自我負責。

因此，如果你決定要認真生活或突破自己，如果你一直誠懇地探索和反省人生，那麼你將會發現本書會帶給你不少關鍵句，甚至是臨門一腳。同時你也會發現，這些訊息不僅完全緊扣著現實人生中我們始終關心的許多主題，也將這些主題擴展到一個更高層次的視野。在此我將它做了一個整理：

一、《二〇一二重生預言》一書中，所引述人類即將面對重大變化的全文，即出於本書第玖課「時間等於能量」。

二、有關癌症及生死主題，可參考：第壹課之節九；第肆課之節一。

三、有關身心保健主題，可參考：第伍課。

四、有關生涯規劃及自我實現主題，可參考：第貳課；第陸課。

五、有關人生終極意義的主題，可參考：第壹課之節三、五、十；第拾課之節三。

六、有關心靈解脫主題，可參考：第壹課之節七；第參課；第肆課之節二；第伍課之節四；第柒課之節三、四。

七、有關宇宙的本質主題，可參考：第壹課之節四、六；第玖課之節六；第拾課之節四。

八、有關與更高層次智慧接觸的主題，可參考：第壹課之節一、二、八；第拾課之節二。

九、希望改變世界的光的工作者，一定要閱讀：第拾課。

然而我還是建議讀者第一次閱讀時，能從第一篇按照順序閱讀下去，因為這裡面隱含著一種智慧發酵的脈絡，是隨著篇目順序醞釀於其中的。

最後，感謝宇宙間偉大老師們的存在！頂禮宇宙間慈悲的力量！

目錄

第陸課　讓本質開花

第柒課　有終極的解脫嗎？

第拾課　助人的真諦

前言

多重次元宇宙覺知之旅的開始

「佛」代表的是：讓你覺醒和清楚的那個軌道。

生命中的事件，其實很難去說哪時候算是它的「開始」，「開始」通常指的只是當它夠明顯到被注意到的那個時候罷了！在禪修八年並且從事生活化與樸素的自我觀察之後，我不知道自己其實已經漸漸來到了會讓某些隱藏的事物更明顯的階段——即對於「多重次元宇宙」的覺知。現在的我已明白，人的整個演化歷程其實就是個「多重次元宇宙覺知之旅」，人性的功課做到後來，就會發現其實是個覺知神性（佛性）的歷程。

那麼，就讓這個變得清楚起來的時間點——也就是高靈信息第一次出現的那一天——算是我旅程的「開始」吧！

節一、夢的預言

二〇〇四年七月十一日，星期天早上，我和M睡到九點多才醒來，M說他睡得不算好，儘管身體還有些疲倦，卻覺得能量很強、精神很飽足。M揣測可能是昨天筋有拉到正確的位置，使得氣脈通暢沒有阻塞，於是感受到強烈的能量，便沒有睡得很熟。

M長年受右半身筋路異位所困擾，後來遇到了合適的整脊師傅，經過一年多的復健，已逐漸改善了不適。他也經常「偷學」師傅的招式，嘗試自己調整筋路，只是多半只能夠局部的回復，而且沒過多久筋路就又跑掉了。昨晚在我們回家的路上，他意外的靠自己把身體右半邊（從肩到腰）異位的筋路拉到了極為正確的位置，整個人體態變得非常對稱舒服，就像是整脊師傅調整好的一樣。他說或許是因為氣脈通暢，所以即使沒有睡好，還是感覺很舒適，能量很強。

M對自己的身體很敏感，經常會告訴我有關於他身體上的一些狀況和發現，相較之下我便好像是神經很大條的人，常常一覺醒來可以報告的，只有「我起來尿尿了一次」或「我是餓醒的」。尤其這幾個月，因為離開了原先忙於發展的禪修團體，我刻意讓所有助人的工作暫停下來，讓自己休息和沈澱一番。在停下來的這幾個月中，我反省過去偏差的部分，讓自己回到只做名符其實的事、只說名符其實的話的原點，放下了憂慮和造作，讓心境歸於平淡自然，於是夜晚甚至都在無夢的輕安中度過。

然而昨夜的睡眠中，夢的活動卻不尋常地活躍，夢裡的主題也很突兀，大致上是我遇見了一些台灣本地的通靈、神明辦事的現象。醒來後，我很快就感覺到，這些夢境比較不是那種反應內在情緒、思想的夢，而是一種預言式的夢（注1）。那麼它們在預言什麼呢？光憑感覺，答案就已經呈現在內心了！然而我也立刻懷疑自己是不是在胡思亂想？因為這個答案真的有點「怪力亂神」呢！那就是：我接下來的生命歷程，進入了一個要去瞭解和體驗有關多重次元宇宙知識的階段。我內心知道這個渴望本來就存在於我的心中，但是這個夢的感覺是在預告，這個階段真的來到了！

在M講完他的身心狀況之後，我告訴他昨夜的夢以及我的想法。就在這時候，室友阿玲來敲我們的門，問我們要不要買早餐？M和我就把剛剛聊到的話題告訴了阿玲。我說：「我感覺那些夢是預言式的，可是也許是我亂想的？我感覺到自己接下來的學習，好像是跟認識多重次元宇宙的知識有關。」講這些話的時候我有點忐忑，因為我還是擔心別人把我當瘋子，不過我還是對阿玲和M更詳細地描述了我內心的感受。

在「無我目睹」（注2）還沒有發生以前，「無我目睹」多多少少像是心靈成長所要揭開的一種終極謎底，可是當它發生了一段時間之後，我卻開始感覺自己就像個小學生般，站在浩瀚宇宙的大門，「無我目睹」已經只是非常初步的開始了！就好像從前站在地球上仰望天空，覺得如果能夠擺脫地球重力的束縛，衝破

注1：十幾年前，我曾一度熱中於研究夢境，曾經對自己的夢境做每日的紀錄長達一年多，因此發現的確有些夢是預知型的，也就是夢境的內容的確能反映在就時間上而言還未發生的未來。並且，預知型的夢在感覺上會伴隨著一種平常夢境所沒有的能量強度及特殊氛圍，由於留意此類經驗，我有了辨別出預知夢的能力。

注2：大約四年前，我在細膩的自我觀察中曾頓斷意念而有所了悟。「無我目睹」指的是「自我」的「特殊效果」消失了，而「存在當下」呈現出無生死、非時間的本質出來。「目睹」是形容未經認知、一種純然直接的照見。

大氣層，那就是極致了。可是當你真的擺脫了地球的重力，衝出了大氣層，看到了漆黑的外太空，這才感覺到，自己只能算是剛剛開始正式地站在宇宙的大門邊。

過去在心靈成長的探索方面，我關心的是身為一個「人」在每日的生活中，種種煩惱該如何面對和開解，我覺得這很務實，也是最迫切的。然而在一腳踏空的無我目睹之後，從某種程度來說，那些因為「自我概念」而衍生的做人的煩惱，已經得到了某種程度上的看穿，心靈漸漸脫去對煩惱的認同和跟隨，多多少少覺得過去的追尋已經告一段落了。接下來，似乎必須明白有關於宇宙的更大範圍的事情了。然而具體的內容是什麼？我並不清楚。

節二、信息首次出現

阿玲聽完我說的話，並沒有回應什麼。我想也是，能回應什麼呢？只是在講一個早上的夢罷了！我講完以後，還是不忘補充「一切也許只是我的胡思亂想喔」。接著，M關心地問起阿玲這兩天的「情緒天氣」如何，因為阿玲最近壓力比較大，有時會陷入很糟的情緒中。阿玲表示這兩天持平，不好不壞，M就開始對阿玲分享一些他如何調養自己，從身心症當中好轉的經驗，就在我們三人互動到一半的時候，突然間M說：「呃！我有一個信息，可是很明顯不是我的耶！」

「什麼叫很明顯不是你的？」我問。

「就是有一個信息出現在心裡，是有關阿玲的，可是很明顯不是我想出來的。」M說。

接著，奇異的事發生了。M把「信息」說出來，內容是對阿玲某些人格模式上的觀察以及建議，信息非常精準和深入地對阿玲做了剖析，實在不像M本人平時對阿玲便有的看法，連阿玲都嚇了一跳。

我心裡很驚訝，難道某些不具有形體的存在，正透過M跟我們接觸，跟我們一起討論我們的人生？這不就立刻應驗了剛剛的夢嗎？這不正是「多重次元宇宙」具體的示現嗎？雖然我有一位朋友素如也具有通靈能力，而我也接觸過素如的通靈狀態，但是，我從未想到這種情況會發生在我的臥室、我的床邊，發生在這個我會對他說「睡過去一點啦」的人身上！真的讓我非常意外！

但我還是懷疑這些信息是否真如M所言「不是他的」？雖然我聽到信息對於阿玲的觀察非常精準，也提到了某些有關於我們個人的預言，但我還是認為，這些話也許本來就存在於M的潛意識裡。

這樣的懷疑，隨著一堂又一堂課的進行，終於漸漸被瓦解。原因是，M本人從未閱讀新時代書籍，也沒有接觸過禪修，更不曾上過時下的心靈成長課程。簡單說，他根本是這個領域的「圈外人」！除了室內設計工作，他不是上健身房就是到處研究各種空間設計作品，然而課堂所呈現的內容，其深度卻包含著對禪修者在開悟之後，悟後起修的指導。即使在心靈成長的領域裡，能觸及如此深度者也是寥寥可數。

然而這些資料一旦出版，對於其來源為何的問題，就交由每位讀者自行去決定了。我知道許多熟讀新時代通靈著作的人，其實從不在意書是誰寫的，他們覺得能夠對生命有所啟發就好，我自己向來也是如此。這種態度對通靈書的作者而言是很友好，也值得感謝的。

只是，當這種事真正來到自己身邊時，我發現我不會說：「您可以不管這資料是怎麼來的，只要參考它精闢的內容就行了！」事實上，對我而言這些資料的確來自一個無形的次元，這件超乎「常理」的事的確發生了，我反而會希望當讀者在閱讀這些內容時，試著想想這本書存在的本身，其意義為何？

高靈走入了我的世界中，告訴我：祂們一直在**這裡**。現在，透過這些信息，**這個發現祂們——也是我們自己——究竟在哪裡的旅程，也開始了。**

第壹課

宇宙的本質

人的歷程，一直就是一個瞭解多重次元宇宙的歷程。

這一堂課於二〇〇四年七月十三日下午進行，時間大約是兩點到四點。準備了錄音機，這算是「正式」的第一堂課囉。我構想著先從M通靈這件事本身談起，也想瞭解究竟信息的來源是什麼「來歷」，然而很意外地，這樣的切入點卻使得我們對宇宙的本質是什麼上了一課。

節一、智慧的了悟就是廣義的通靈

M：我不知道通靈會怎麼發生，反正我們就是進行討論，當訊息出現時，那是很明顯的，我能分辨出來。

章成：嗯，好的。其實可以討論的東西太多了，但是就你從七月十一日開始發生這樣的通靈現象本身，我想就是一個很好的主題，比方說我們可以問：「這樣的事件是怎麼醞釀出來的？又為什麼是在這個時候？而不是其他的時候。」

信息：因為你有心……出乎於心。

M和我都不知道「怎麼」通靈，也不知道是不是我們倆按下了錄音機，無形的訪客就會到來，但當我這樣提出問題時，我聽到躺在床上閉著眼睛的M，嘴裡卻開始吐出語氣非常平淡、彷彿來自遙遠地方的回答。這樣就連上線了嗎？我有一點訝異，又有一點緊張，我告訴自己保持平和，繼續下去。

章成：那麼為何是在這個時候，而不是之前其他的時期呢？

信息：因為你有停留。

M　：祂說「停留」的意思比較像是在說，因為在這段時間你有把自己空下來。（注1）

章成：記得在大學之後接觸的新時代書籍，許多都是通靈著作，那時候會好希望遇到這樣的事情，可是並沒有發生。

信息：那是因為受到你原先崇拜的一個法師的影響，你當時的執著面跟現在的情境是不一樣的。

章成：可是我在接觸新時代思想之後，就漸漸走出傳統佛教的範疇了……

信息：可是你大體上的氛圍還是屬於傳統佛教。

章成：傳統佛教會覺得這種事情是怪力亂神。

信息：不，通靈並不是怪力亂神，它是傳統佛教所傳揚的事情一體的兩面，然而通常一般人只看其中的一面。比較高深的法師其實都有過通靈的經驗。如果我們不用「通靈」這個詞，而把它稱為「智慧的閃電」，你會比較清楚，「智慧的了悟」其實也就是廣義的通靈。（注2）

章成：我懂你的意思。不過記得上次你說過，當我自己在思考探索，或人生正在經歷什麼過程時，其實周圍一直有一些高靈從旁給予點化或協助，那這跟現在這種談話接觸的方式又有什麼不一樣？這是在一個什麼樣的階段，因此變成這樣的方式？

信息：因為你隨時都準備好了呀！

章成：那對M而言呢？他以前也覺得自己好像有這方面的能力，可是為什麼是到了現在才算「比較正式」的通靈了？

信息：他一直浮於追求表面的事情，比較不是心靈層次的，所以不適合在那個時候顯現，但基本上他從小就有這個能力。

章成：因此，最重要的關鍵是什麼？

注1：M突然「跑出來」對我補充說明。當M用自己的語調說話時，我可以感覺M活生生的人格狀態，那是我所熟悉的氣味。這裡M提到的「空下來」，指的是我離開禪修老師後的數月時間。幾個月前，我離開了跟隨多年的禪修老師，經歷了一段頗為痛苦的內心衝突歷程。在離開之前，已經大約有一年時間，我為了推廣老師的課程而相當忙碌。離開這個團體所帶來的衝擊和反省，讓我停下所有的心靈工作。我什麼都不想做，安靜地度過了數個月空白的日子，每天只在家裡整理環境、澆澆花，然後到電台上現場，過著非常簡單的生活。雖然有時想起那個離開的事件，內心仍會波濤起伏，但這些起伏也總伴隨著更深的反省和明白，於是逐漸地，內心再度澄明如寧靜的湖水，處在一種輕安、少夢的狀態。

注2：意思是說，正是當我們打破了人格的慣性，接觸到原先接觸不到、而原本就存在於宇宙間的更高層次洞見的現象，就算是通靈。

信息：「甦醒」……

M：（指著右腦頂）這邊感覺有點壓力，所以有點卡卡的。

章成：沒關係……

M：因為我只要一用頭腦，訊息就會中斷。我可以知道那個「路徑」，我不能太用頭腦，我要直接就把訊息講出來，當你問到有關我的問題時，有時我會猶豫一下，訊息就會中斷掉了。

章成：是因為通靈的人講到自己會比較有頭腦的干預嗎？

信息：**不是這樣子的，應該是說還不熟悉。**

章成：所以如果我們常常進行這樣的事，這樣的現象就會減少了？

信息：是的。

節二、智慧的傳遞隨傳述者的架構而異

章成：我提問不見得有什麼章法，也許想到哪就問到哪……在這個時代有許多通靈

的著作，比方說賽斯資料、《與神對話》等等……都不盡相同！

信息：只是演繹不同而已，但都得自於智慧的本體。

章成：目前的信息來源，和素如（我所認識的另一個通靈的朋友）是同一個嗎？

信息：現在的不是。

章成：關注地球的高靈是否分成不同的團體？

信息：是的。

章成：可以多談談祢嗎？比方祢是屬於哪一個團體？

信息：第三界的知識。

章成：總共有幾界呢？

信息：無窮盡。我們都同屬在一個空間。

章成：「我們」是指特定的一些人還是所有的人？

信息：我們都是。

章成：所有的人？

信息：是。

章成：可是人類存在於三度空間，而祢並不是。

信息：是指在知識界的架構中。

章成：（我覺得聽不懂，又覺得信息的回答都太簡短）有些通靈者能用很豐富的語彙來做很詳細的表述，但是我們現在顯現的並不是這樣，為什麼呢？

信息：這是需要時間累積的。

章成：去練習？

信息：是的。但是另外一個說法是，這只是不同於你習慣的另一種方式而已。就好像我們跟阿玲一起討論的時候，經由你的翻譯解說，你的那種說法，阿玲會覺得比較容易懂。比方你所說的賽斯資料，它的演繹是經過人為思考的模式編織出來的，也就是說它一直有一個成長互動的機制在那邊，所以它演化出來就是那個模式。

M　：我知道信息的意思，這個跟傳達的人，他的語言造詣、文化背景都有關。

信息：可是基本上他們所傳達出來那個在無形中流動的信息，重點是一樣的，大氛圍是一樣的，只是經過人的演繹的部分是不一樣的。人還是會頭腦性的把心靈的信息拿出來架構，用他覺得適合的語言傳述，即便是滔滔不絕到像是不經思索，也已經是一個被傳述者潛在地架構出來的東西了。就像廣播節目一樣，經由不同的收音機，有的人聽到的訊號可能斷斷續續，有的人卻非常清晰，有的人是單聲道，有的人卻可以是立體聲。

節三、人的歷程，一直就是一個瞭解多重次元宇宙的歷程

章成：現在是誰在講？

M　：是信息。

章成：一個人的成長不見得透過這樣（指和高靈交談）的方式，之前我也不是，這裡面的差異是什麼？會比較好嗎？

信息：比較好，對你來講會是比較有幫助的。（注3）

章成：我之前有個感覺，覺得自己接下來的歷程是跟更深入內在的宇宙，或說是多重次元宇宙的知識有關，所以才會有這個事件。

信息：其實人的歷程一直就是這個歷程。

M：此刻我接收到的其實是一個非常龐大的信息，我沒辦法轉譯它……

章成：我瞭解，這些信息基本上都是「濃縮」的，有些甚至無法以線性的語言表達。

信息：就好像你在灌溉花朵，你有在注意它、灌溉它，那麼花朵便會是你現在所看到的。但是一般人通常不知道花開在那裡，或者知道花在那裡，他也是麻木的，並不會去灌溉它。你有在灌溉它、呈現它，你有在注意它的一舉一動，那麼你就會從中得到回饋，多數人並不是沒有這樣的機緣條件，而是他們不會去在乎。

章成：那麼，你覺得我們可以一起完成什麼？如果問我的話，我自己是有很濃厚的興趣去知道你和多重次元的宇宙。

信息：你的方向應該是「多重次元的宇宙」，因為我也不代表我。而且知識的來源是無窮無盡的，它會像甘霖那樣遍地皆灑。

章成：身為人類，我們可以突破知覺的限制到什麼樣的程度？

信息：在現在這個人類文明之前，就曾經存在過在這方面成就更為輝煌的人類文明。現在人類過於注意物質層面的流動，以至於「這個流動」（指的是整個更廣闊的意識流動）就被壓抑。

章成：在那個內在知識非常輝煌的文明時期，當時物質文明發展如何呢？

信息：無法比較，因為是不同的系統和模式。

章成：我懂了，比方我不能用「有沒有飛機」來衡量什麼，因為他們或許有魔法。不能說哪一個比較先進。

注3：這時我還不明白為什麼比較有幫助，但一年後的現在，我可以體會到為什麼了，因為這個發生使得「多重次元的宇宙」從一種熟悉的概念轉變為活生生的衝擊，成了一種難以回頭的轉捩點。

信息：是的。但是之前曾有過的許多文明，確定比現在這個更輝煌。人們或許會覺得現在是最偉大的時代，但是先前的文明還是有一些現在人類無法觸及的思想，比方一些對於分子結構更突破的理論，這就像現在人們發現核能，可是還有一些更大的能量是你們還沒有找到的。

章成：那麼那些更輝煌的文明為什麼消失了？或是毀滅了？

信息：有點類似「重新洗牌」，一個輪迴。

章成：重新洗牌的目的是什麼？

信息：以宇宙本體來說，只不過是物換星移而已，也許你們會覺得他們消滅了，但他們是在更高的意識中成為更大的存在。（注4）

章成：所以不是因為他們有什麼毛病，不能用這樣的觀點來看是嗎？

信息：你們看到的物質是不見了，留下的只是歷史的遺跡，可是在知識的領域他們存在於更高的境界。這也是我們為什麼會來跟你們聯繫的原因。

章成：喔？這怎麼說？

信息：這些都是有相關的……因為我們是被累積下來的，這些知識整個就是存在於這個宇宙當中，只不過是物換星移、不同的角色在扮演。

節四、物換星移即是緣起性空

章成：祢有沒有預設我和M生命中的這個通靈事件，它發展的方向是什麼？祢有沒有祢原來的計畫？

信息：這事件並不是一個計畫或安排，這只是一個磁場的吸引和互動。就像你以前說的，你的磁場是這樣，就吸引該吸引的事件過來。

章成：這就是宇宙的原理嗎？

信息：這就是「物換星移」啊！千百億個不同的磁場，有的互斥、有的相吸，一直不斷地撞擊流變。所謂的事件，你把它想像成在撞擊中流變的能量，這樣

注4：所謂「更大」的存在，並非指空間與尺寸，而是指覺醒度及自由度。

比較容易瞭解。

章成：所以宇宙間所有的事情都可以發生或不發生，這裡面並沒有特別的「演化」上的意義。

信息：對，並沒有「演化」，或者說「演化」就是「物換星移」。沒有所謂的「進步」或「退步」，它就只是一個發生，就好像化學反應一樣，新的東西一直出現，舊的東西就不見，那並不是「好」或「不好」。

章成：所以人們可以在這裡面覺得很有意義，或是覺得沒有意義。

信息：但是這裡面有一個重大的課題，就是說：萬物皆於本體，本體之間會有一個聯繫，這個聯繫……這個磁場是……如果要把它轉譯出來的話……是「愛」，是要有愛它才會和在一起，這是一個能量的聚集，就像天文上的「黑洞」。你如果把黑洞類比成是愛，它就是像這樣聚集，像我們的聯繫就是像黑洞的能量在聚集。

章成：有些新時代著作提到，存在就是無止境的創造。

信息：「創造」就是「物換星移」，事實上只是能量間的互換。通靈著作都會有一個「主題架構」在跟作者對話，都有一個更大的能量在場，但事實上你本身就是這個大的能量，所有人都是這些大的能量，你懂意思嗎？

章成：不懂。

信息：大的能量的意思就是說，它本來就是那個本質，其實你可以感受到就是一個「空」，你的存在是一個空，包括這個知識之流也是一個空。

章成：「空」是什麼意思？

信息：你如果把存有想像成「能量」的話，還是有一種物質的意象存在，然而全部就是一個空無。

章成：為何用空無這個字眼？

M　：現在是我在說話，我沒辦法把它演繹成文字，終究對於本體而言，所有的意識也是經由撞擊出來的，因為我們有我們想要的，這個「想要」就會去聚集，所以會有所謂的文化，但是終究大本體，整個都是「空」。

章成：所以現在這個信息來源如何看待祂自己？

信息：相對於你才「有」這個信息來源。

章成：這是否就像佛教講的「緣起性空」？

信息：其實緣起性空和「物換星移」都是同樣的意思，不同解釋的方式而已。

節五、「靈性成長」是宇宙間物換星移中的膨脹過程

章成：那麼你如何看待人的執著，以及人想要擺脫執著？所謂的靈修好像是一個「解苦」的過程，可是如果照我們剛剛那樣講，包括靈修想要去的地方也是幻化出來的。

信息：在宇宙中，當你有這個剛剛比喻成「黑洞」的凝聚力量時，你就會凝聚成一顆星，當你成為一顆星時，你就會開始聚集相關的能量和氛圍，這是一個「膨脹」的過程，等到你膨脹到一個程度你就會爆掉，又變成另外一個宇宙，但是這膨脹也非你主觀的主導，因為在這個軌道上，全部的星球都是

互相影響的，你也會因為受到影響而膨脹。

M：我的感覺是，我們說的這些高靈，也是因為這些系統架構出來以後，變成一個星球軌道的模式，比方說太陽、水星、金星……等等一直排列下來，在這裡面你會有一種價值感，這是因為你在其中有一些「聯繫感」和「知道（位置）」，可是整個系統存在於更大的空，你想追求的更高層次也只是一種心裡面的遊戲，因為若不如此你就沒有存在感了。比方說有些人的存在感建立在所謂的「低層次」系統，你覺得他那樣很苦想把他拉上來，高靈來看你也是一樣，祂們覺得你也很苦，會想把你拉上來。在意識的層面就是會有這樣的磁場變化，一個拉一個，這就只是一個動作、一個過程。

就像太陽影響地球、地球影響月亮……

章成：既然信息來源瞭解到這點，它為什麼還在「有為」當中？

信息：這是因為它受到像黑洞那樣的力量牽引。有更大的力量在後面牽引。

章成：所以高靈也跟我一樣有一個存在感……。

信息：相較於你們，這個不叫做「存在感」。這裡就可以講到什麼是層次了，當你提到「我」的層次，「我」的存在感就是做像現在這樣的事情（指教學），再上去的層次又更清楚某種「事情」，就這樣一層一層，無止境。比如說你跟張三有一個層次之別，張三又跟李四有一個層次之差，人際關係的互動就是這樣開展。可是你也可以來一個所謂的「回頭是岸」，那是一個很大的……就是說你不用經過這些學習，直接衝上去，這就是所謂的開悟。

有人開悟只是到一個層次，他也把它叫做開悟；有人開悟到另一個層次，他也把它叫做開悟。但是有些人是……就這樣蒸發了，蒸發的開悟。他的模式……他的宇宙已經不存在於這個宇宙，他也許可以存在於更大的宇宙，但他又不一定在那更大的宇宙那裡，這個成長是一直一直地下去，就像一個星球它一直在膨脹，一直爆、一直爆……

章成：有所謂的終極嗎？

信息：沒有。

章成：在碰撞中任何層次都會被創造出來，而且永遠也不會結束。

信息：你把它當成一個能量在循環，就是這樣子而已。

章成：就是我們用中性的眼光來看待它。

信息：「中性的眼光」也就是無我了。

節六、並沒有「主體性」的輪迴

M：我們的評價其實都是頭腦出來的，而這個頭腦就是物以類聚的磁場，然後磁場撞來撞去，這就是人世間。這就是人在玩的「人間遊戲」。（注5）

章成：那如何看待人內心的衝突？

信息：你還是一直在講撞擊裡面的事，你還是在追求撞擊。

章成：這個想解決問題的動機就是撞擊的慾望。

信息：（無回應許久）你還是沒有跳離那個撞擊。你還是有某種層次的追求。

章成：還是在「處理」的層面。（注6）

信息：嗯。但是一般人沒辦法跳離處理的層面，跳進空是一個很大能量的爆炸。

章成：是啊！我們似乎無法承受那麼大的能量。

信息：是。所以為什麼會有一個一個的層次。然而如果宏觀一點，其實也沒有什麼層次或碰撞，什麼都沒有……我們看到這個檯燈，它也是活的、有意識的，有其生老病死……

章成：它有自我意識嗎？

信息：每個東西都有，在它們的層次上都有那個層次的自我意識。

章成：它們都有對自己的概念？

信息：對。檯燈的每一個小零件也都有它們的自我意識，當它們組合起來時，又會產生組合而成的自我意識。比方說人體是由胃、肝、心等器官組合起來的。可是心臟有它自己的意識，整個人體也有一個自我的概念。

章成：也就是說，巨觀上是「一個我」，實際上是統合出來的「效果」。

信息：對。所以人體就像一個小宇宙，比方說心臟有問題，使人體無法完成它的循環，這個巨觀上的自我就會崩解掉，一個磁場不見了，其他磁場就崩掉了，開始又找尋新的磁場……在物質上就是人死為土，然後又組合成其他的生命形態。自我是一個支撐出來的效果，物換星移時又組合出別的自我，可能不是「人類」的自我，而是別種的自我。

章成：所以根本沒有主體性的輪迴。

信息：沒有主體性的輪迴。只是物換星移。而「物換星移」還只是用現在這個層

注5：「人世間」正是「評價（偏好）」相互吸引及牴觸所形成的。人其實是活在偏好中的；或者說，「自我」就是偏好本身；沒有偏好，就沒有自我這齣連續劇了。而偏好終究只是基於集體及個別的設定，就像遊戲規則是無中生有訂定的，然後才有所謂的「得」、「失」，與人類自認正在邁向成功、邁向安全的想像活動。既然這一切不過是基於偏好與設定而來的想像遊戲，那麼一切的「擁有」與「安全」皆為平等的想像（即空無）。

注6：「處理」就是基於偏好處理所形成的心理活動，就是自我，就是人世間，就是「人的故事」。

次的語言來講，如果在更高的層次，根本就沒有什麼物換星移，可能就只有……

M：等等……喔！我看到了！就像閃光那樣閃過去而已。

章成：「物換星移」聽起來比較慢對不對？

M：對，還是有「一個存在」在那裡改變那樣的感覺。就像對於比光更快的存有來看，光還是很慢的。

章成：所以我們看到有一些報導講，有一些小孩出來就具有前世的記憶，那應該是一種組合的結果。

信息：基因密碼可以載承原先的記憶影像，比方說一個心臟的記憶可以藉此在重新洗牌後，在另一個生命形態中展現出來。

節七、你知道的「無我體驗」仍然是有我的

章成：所以所謂人在宇宙中的上升和下沈，都只是我們的觀點而已。

信息：對，相對於你目前所知道的觀念，去作對應和比較而產生的。

章成：所以所有的事都是中性的。

信息：那就是「空」。你可以說有撞擊，也可以說沒有撞擊。但是架構出來的時候就有存在感，比方說心臟架構出來的時候，就有心臟的存在感。

章成：我曾經有過人格止息的體驗，自我消失了，生死迷惑被破除，祢覺得如何？

信息：那只不過是提升到了另一種層次的自我而已。

章成：你是說那還是有自我的？可是它沒有任何對自己的概念啊！就好像蒸發掉了！

M：可是祂提出來了，那仍然是有自我的。如果真的是蒸發掉的話，你就不會知道這個「無我」。

信息：如果真的無我，就不會留下任何訊息，你也不會拿出來討論。

章成：這樣的發生仍然可以被記憶吧。

信息：被你知道的那些「無我」，只是相對於原來的狀態，到了一個更無我的層次，但還有更高層次的無我。

章成：可是一件事情的發生，都有可能被寫入基因密碼而成為記憶啊？所以還是可能會留下記憶？

信息：可是連記憶也可以消失的。所以有些和尚在離世的時候整個人會著火，因為全部的記憶洗掉是一個能量極大的釋放。

章成：我曾經體驗到在高能量的靜心狀態時，在頭腦當機的時刻，你會感受到一股非常強烈的存在性的能量，包括我現在在講這個的時候，仍然可以隱隱約約感覺到，但是我覺得無法存身於其中，覺得如果真的去接近它，自我會被燒毀。

信息：這是因為你已經有準備了，但還沒有準備好，當你完全準備好的時候，就會像過關斬將一樣，你一直衝，自我一直破，你會從一個大自我分解成心臟、肝臟等等的小自我，每一個自我都燃燒，然後再小到每一個細胞，一直延伸到愈來愈小，一夕之間整個人咻地變成一束光，不見了。

章成：目前這個文明，沒有人曾經如此吧？有嗎？

信息：有。因為有的你看不到，他沒有留下存在的消息。層次沒有那麼高的，就會留下一些線索讓你去追尋。

章成：因此會留下訊息的反而是因為沒有完全的蒸發。

信息：這個就是「層次」，為什麼會有一個一個層次的成長。我們帶領你們，你們又會帶領其他人，就是這樣一層一層的，但還是有人不經由層次，這狀況是存在的。

節八、不同層次的教誨，是為了讓不同架構的人更貼近本質

信息：人有自癒的能力和發展的能力，上一個層次幫助下一個層次的目標，終究是讓你瞭解到自己的這個能力，讓你去治癒自己。當你的結構性夠強烈的時候，那個磁場出來的話，你也有能力去治療別人。醫生是透過藥物進入病人身體從事治療，能力更高的可以經由自己身體的某種轉換，就能帶動

別人體內的自癒功能，這個就是層次了。

章成：也有人只叫人家喝水就能夠治療了。

信息：對。就是靠一種能量的轉換。

M：我現在知道這個意思了，就像台灣有些道場是只用礦泉水來治病的，而且神明總是會要求對方具備相對的信心來接受。這個原理就是，如果你對那位神有信心，祂的能量就能透過水啟動你身體內自癒的密碼。

章成：我記得以前跟素如通靈的高靈談話時，祂說每個人有一個本體，甚至有一個符合本體基調的名字相對應，比如說某人本體的名字叫做「青雲」，意思就是，它的本體是像藍天白雲那樣和煦、舒服的感覺。有這回事嗎？

信息：這個方法是用名字的意象，把你提醒到最接近於你的——你目前意識層次能夠接觸到的——本質的氛圍。一個名字有它的意象，能夠吸引相關的事件……終究，如果沒有設定任何架構的話，整個人就可以解脫了。

章成：整個宇宙原來不就是解脫的嗎？就是因為它沒有任何的設定才可以有無窮

的設定。我們就是這個本來解脫的宇宙做成的，也就是這個能量或說這個空……

信息：你還是在追究這個所謂「宇宙能量」為一個事實的物質存在，這樣只能一直往下層次講。但是我這邊沒有這種設定，能量的講法只是就你目前的層次以這樣比喻，讓你比較容易瞭解而已。

章成：因此素如的高靈這樣的說法，只是一種接引別人的方便？祂自己知道是一個方便？

信息：是的，祂清楚。當你清楚這是個架構，你很容易利用它去幫助別人，但你並不在這個架構中。

章成：這便可以說明這世界上為什麼有這麼多不同的教誨，而且有時候看起來又是那麼不同，就像有的人說有輪迴，有的人說沒有。

信息：就像你要把祂叫做聖母還是觀世音，祂都能夠接受。

章成：那麼我覺得禪宗在所有的講法裡面，應該是最接近本質的。

信息：是。只要一個人沒有把自己放在一個位子去執著的話，他就是一個接近本質的人。這樣的人只是把路程用記憶記錄下來。宗教則是用文字記錄下來，經過每個人不同的演繹和解釋，誰被認同比較多就變成比較大的宗教，這也是磁場聚集的原理。

章成：講到這裡，好像已經把整個宇宙的原理講完了！

信息：這個宇宙，你要講，它就是個「一」，你不講，它什麼也都沒有。

章成：所以「講」本身就是一種創造。

信息：是。

章成：但是在我目前的能力範圍，那個創造的幅度是很有限的。

信息：如果你超越現在這個層次，你是可以在原有的層次上有一個神奇的表露出來。如果你是自由的，包括你身體的物質都是可以重組的；的確是有魔術存在於世。

章成：有這樣神通的人，是否代表他在心智上也比較自由？

信息：這也是層次問題，他如果只停在那個層次，他也有那個層次的功課，所謂功課就是因為上一個層次在帶領這個層次，因此對這個層次而言就是功課。

章成：台灣有什麼陰神、陽神……祂們在物質界的變化能力、影響力比人類大，祂們的心靈品質就會比人類高嗎？

信息：不一定，如果祂們的所欲所求跟一般人一樣，那麼祂們的質地就跟人一樣。

章成：就像鳥會飛，對我們來講也是神通，可是大家都只是不同的物種。

信息：對。不同的物質形成，但層次是一樣的。

章成：（靜默片刻）我覺得我們好像宇宙的小學生。

信息：我們是。

M　：祂說「我們是」的意思是說，你要覺得我們是的話，祂現在也是，因為祂經歷過宇宙小學生的階段。祂知道小學生是什麼樣子，可是如果有人說「像宇宙大學生」的話，祂是說祂也是，因為祂也經歷過大學生，祂可以抓那個意象出來，可是你就上不了這裡，因為你完全沒有那個意象。

章成：你會希望我們的合作……？喔，也許你並沒有什麼希望，這事件只是一個「碰撞」出來的結果……

信息：是。

章成：所以它隨時都在改變，也看我如何創造它……我知道我為什麼問祢這個問題，我想詢問祢的意願、徵詢祢的想法，然後我覺得我才知道我們或許可以做些什麼事情，可是這裡面假設了祢跟我交談是因為祢有意願和計畫。

信息：我本來就只是一個存在、一個能量，當你想到，我就來了。我可以知道你的內心想要什麼，我會把那個組合的程序架構出來，教授給你。但是這些都只是所謂的「靈」和實際生活的轉換介面上的遊戲而已，你處理完你也不能變成怎麼樣，也許在你目前的層面你會覺得這是快樂的，或者什麼其他的感覺。

章成：這些感覺不過就是在一種虛構的設定中所產生出來的，否則只是「無來無去」（台語）。

信息：嗯。

章成：雖然內心有一個部分瞭解，但另一個部分就是不死心，它還是會想要用這樣子的方式快樂。

話題已經告了一段落。我靜默了一下，思考還有什麼問題可以討論，突然間，近日正在關心的一件事便從心底冒了出來，我的一位朋友幾個月來經常腹痛如絞，輾轉經過各種檢驗，最後才發現居然是末期的胰臟癌。

節九、癌症即是身體的土石流

章成：我想談談癌症。

信息：所謂癌症，像你們最近的土石流（指敏督利颱風造成的七二水災）就是癌症，就是一個能量的反撲。大地有它原先的結構，你改變了它，它就必須轉換成另一個形式來平衡。癌症也是如此，比方心臟沒有得到它所需要的，就會引發身體整個系統的連鎖反應。

章成：可是癌症是細胞的突變，而且不斷地增生。

信息：癌細胞一直以基因密碼的方式存在我們身體，我們的身體多多少少有癌細胞，當身體發生一種結構性的改變，癌細胞就變多了。癌症並沒有所謂的解藥。解決之道就像水土保持一樣，要把身體的重建工作做好，做好之後原來的系統得到平衡，它就會平息下來。如果只是依靠醫療、生活作息等比較結構性的因素沒有改變，醫療只會增加負擔。

章成：那你對化療有何看法？殺死癌細胞有效嗎？

信息：你在肉體上殺死了癌細胞，但是那個「癌機制」並沒有被改變。化療仍然有其效用，就像一個山坡地要崩掉，你建造一個大水泥牆把它擋住，它是可以撐住的。如果你趕快在圍堵起來的山坡地上植樹，做好種種水土保持工作，那麼漸漸地，山坡的結構再次緊密地連結在一起，癌症就消退了。可是如果沒有從結構上改變，你想想，一整個山壁要坍落下來，那是多巨大的力量？你能單靠一面水泥牆去擋住它嗎？

章成：現在流行的說法是，生活周遭有太多的有毒物質造成癌症的盛行。

信息：相對於一塊鬆軟的山坡地，連一場雨都是「有毒物質」！如果你種了很多樹木，一場雨反而讓樹木把山坡地抓得更牢。現代人的生活方式並不適合人健康成長，但由於我們一直用頭腦的算計去選擇生活，而不是用心，我們因此寧願繼續屈就在這個不合適的架構中生活，那麼情況就只會一直惡化下去，直到惡化到一個臨界點，就是整個崩塌重新洗牌，重新再來一次了。一個人癌症死亡，與大自然重新洗牌是一樣的道理。然而洗排後，新的輪迴開始，卻要面對同樣的功課。（注7）

注7：在日後的課程中，另一位高靈提到還有另一種因癌症過世的人，是基於某種本質上非常原始的「設定」，設定好了要在幾歲的時候，如果功課做完的話就啟動這個方式來離世。這種狀況，無論如何「水土保持」都不會有效。

節十、我們追求的是遊戲而非本質

章成：現階段你覺得我用什麼方式與高靈互動，對我比較有幫助？

M　：沒有回應。

信息：因為這是相對於你。貼近你的心想去做的，你就去做。你的心是存在於什麼樣的感覺、什麼樣的架構，這些信息知識也是相對地在變，而所有的知識同時都存在。

章成：所以不同磁場的人就吸引到不同的知識，然後就有不同的發展。

信息：嗯。

章成：所以我就不一定吸引到你來。

信息：沒有所謂的「我」。

章成：可是的確有一個「幫助」的意願，不是嗎？

信息：沒有「幫助」的意願。這只是呼應你當下的存在狀態而發生，不是所謂幫助不幫助。你如果這麼想，就是還想要有一個「神」在那邊。

章成：所以，這個事件不過是我吸引來的。

信息：這也是有「我執」才會這麼描述。天堂和地獄也是如此，你做什麼事就有那種事的磁場，其實也只是一個空，但是你在那裡就會覺得是懼怕的，而你的磁場會吸引相似的事件讓你更加肯定你的信念。終究對整個大本體而言，這些都沒有對錯，只是一個能量的動而已。所謂天堂也是如此，並不是因為你比較「對」，或更優秀，只是你選擇要待在感覺喜悅的磁場裡面，那裡面有你想要的。喜悅和恐懼一樣，都只是一個生活模式。

章成：可是人好像都喜歡喜悅，不喜歡恐懼吧！

信息：恐懼的生活模式中也有它的喜悅，只是背後的痛苦也同樣存在。即便是原來的內心衝突因為有所領悟而解開所生出的喜悅，那個能量也是一個證明，證明你的價值，你的存在，這也是個遊戲。如果拉回到本質來講，也就是我們剛剛講的「無我」，你都清楚的話，你就會看清楚這些東西都是虛假的。所以為什麼佛說萬象都是虛假的，就是這個意思。比方說《西遊記》裡的唐三藏用苦行的方式去修行取經，在他的價值觀中，他其實是很喜悅的。但對於盤絲洞的蜘蛛女，就會覺得那樣很苦，把他叫做苦行僧。

章成：有的人得到憂鬱症，外人只覺得那樣很苦，但那個生態裡面有當事人想要的部分。（注8）

信息：所以他也必須承擔這生態中苦的那個部分……那麼，為什麼要跟你講這些東西呢？因為相對於你未來想完成的「喜悅」，這些瞭解是「有幫助的」。這樣你懂這個意思嗎？

M：祂告訴你，你這同樣是一個遊戲就對了！

信息：最大的本質不是這個樣子，這些都是遊戲。

章成：如果沒有感受到痛苦，就不能感受到喜悅；如果沒有緊縮，也就沒有釋放。也無所謂道路。

信息：嗯……就很平淡，最大的平淡就是：「喔，這樣子喔。」但是社會教育你不能這樣子，所以你就以為社會那樣子才是對的。比如說大家來辦考試，然後在這遊戲中用某種講好的標準來判定誰比較優秀，這個模式會被經營下去，以便感覺喜悅。

章成：但痛苦也就同時存在。

節十一、以愛之名的「雙贏遊戲」，終究不會以愛凝聚

章成：謝謝祢。

M：你說謝謝，對祂而言沒有感覺，你要謝謝是相對於你所設定的道路，才有所謂的「謝謝」。

注8：這是說，導致憂鬱症的生活和思考模式裡面，其實也存在著當事人的「既得利益」，也就是在個人信念上覺得「這樣才對、這樣才好」的堅持與執著（這就是廣義的「既得利益」的意思）。但是演化到了後來，苦累積得愈來愈多，而旁人便只看到苦的部分，卻看不到當事人所堅持的「利益」。

章成：人的頭腦好像沒辦法承受這個，因為人的頭腦是目標性的，需要存在感和價值感。需要有一個「我」去完成什麼。

M：祂說這種現象也是個「法門」，如果你可以清楚這點活在這個社會上的話，是一個很好賺錢又可以過得很快樂的法門，就像有些宗教領袖那樣。你如果清楚這個原理，你看人的功力就會大增，你會很清楚看到他想要什麼，會順著他的想要去處理，他就會覺得你好貼近他，這就是一個技巧。有的宗教領袖這樣玩，他很快樂，別人也覺得得到提升，他的建構使得你給他他想要的，而你也在其中有你的喜悅，可以說是「兩造皆得」的遊戲。對於大本質的「清楚」還不是那麼地清楚。最主要的，那個「黑洞」的本質並沒有帶進來，所以儘管外在的形象做得類似像「黑洞」的本質……

章成：你是說「愛」嗎？

M：對。但是追隨他的人無法以黑洞的本質而聚集，沒有這種聚集力。

章成：現在是信息在講還是你在講？

M：是信息。

信息：黑洞的本質不等同於你們所說的「愛」，只是它比較接近你們所謂的「愛」的感覺。（注9）

你們有時跟隨上師，是因為羨慕他的一些「完成」。你以前做很多別人覺得有愛心的事，可是很多事出於你自己的恐懼，也就是你想要完成你認為必須的架構，那麼有些老師就會吸引你，因為他有用這樣的方式完成一些完成，你就會羨慕他。

章成：所以如果我們真的想要感受到內心的平靜與和諧的話……

信息：便要由你自己去感受那個「黑洞」的感覺，然後才行動。

章成：對。用我熟悉的語言就是說，有些靈性老師還是不很信任存在，他不願放手

注9：我們是在完成自己的架構（遊戲），還是回歸於本質，是不同的，但常常很難分辨。尤其在宗教的領域中，以「愛」之名完成的遊戲很多，即便看起來像是雙贏的。

讓演化自己去發生，然後完全從「心」出發，他又感覺到自己非常聰明，有能夠洞悉別人想要的東西的能力，於是忍不住要去做這樣一個操作，他覺得只要自己的目的是好的……。

信息：你現在講的其實也是你自己，你自己也有一個這樣的部分。

後記

由於這是第一次正式上課，稍後我在整理這些資料時，特別對M的「通靈」狀態做了一些觀察紀錄：

一、傳遞信息的過程，M並沒有「整組」借給高靈，他仍然是在場的，可以隨時由自己的領會來補充、加入討論，所以我有時會問：「現在是誰在講？」我一、兩年前也曾目睹友人素如通靈，她在通靈時整個人成了高靈的發聲管道，事後只能記得整個談話大致的主題及進行的梗概，對於談話細節是不記得的。素如的狀態與賽斯資料的傳遞者珍・羅伯茲相似。此外，M代言信息時，在語調上並沒有很大的變化，信息的語調反而比M本人平淡、無感情些。

二、許多通靈的信息來源通常表現的比較具有其身分和個性，然而跟M的高靈交流，卻比較像是跟一片「互動式學習光碟」進行互動。而且簡而言之，高靈還告訴你這片光碟還是你挑給自己看的。不過這樣的呈現才會貼近高靈所意欲傳遞的宇宙本質——這裡面是「中性」、「緣起」、「空無」的，而一切都是相對「說有」的。我想，這種表現風格應是高靈刻意的選擇。

三、還記得我說過，當時的M從未閱讀過一本靈性書籍嗎？但M在連線時，理解和洞見能力也會驚人地增加，甚至能與我這個多年禪修的人同步，或是超過我，以致在當時你目睹到人的領悟可以是跳躍式的，而不一定是在時間中「慢慢累積」。這也是在後來的信息中，相當被強調的一個重點。

第貳課

最初的心

找回初心，校正生活，才能真正自我實現。

今天好朋友麗雯在她的廣播節目中訪問了一位正在推廣花精治療的花精治療師。在訪問以前，麗雯曾把這位治療師寫的書拿給我和M看，她覺得這個療法很天然，如果真的有效的話，說不定能夠對自己的憂鬱症有幫助，也可以推薦給需要的人。

做完訪問後，麗雯晚上到花壹曉居來找我和M聊天，我們問起訪問的心得，麗雯卻說訪問做到一半，她就好像「消風」一樣，剛開始的興趣完全不見了。訪問完她還和來賓小聊了一下，那位花精治療師提到，做一瓶為個人量身調配的花精，費用是一千五百塊。麗雯當時心裡猶豫了一下：「這麼貴喔……要請他幫我調製嗎？」然後她很快便打消了調製自己的花精來嘗試看看的念頭。

聽完麗雯的敘述，M說：「我的感覺是，並不是因為一千五百塊很貴，而是因為在那一場訪談間你所感受到的，無法激起你想花錢去嘗試的信心。你跑出來的念頭是『這很貴』，但主要是因為你覺得不值得。試想，如果你在訪談中真的感受到那位治療師的愛和能量，你會不會願意試看看？」

「我會。」麗雯說：「對耶，好像是這樣沒錯。不過我還是不很清楚為什麼訪問進行到後來，我就沒有熱忱了？」

我們原本並不打算以此作為和信息討論的主題，只是純粹在聊天，不過這時候M說：「有信息下來了！」

我說：「等一下，我拿錄音機……好了，錄音鍵按下來，你可以說了！」

節一、探索動機，認識自己

M：你後來為什麼就沒有興趣了？你本來內心有一個想法：「啊！如果我跟他學，把這個方法學會了就可以用來賺錢。」可是在跟他溝通的時候，你發現：「不，我自己不會這樣子做……」信息很清楚地表示了這是你內心的想法。

章成：什麼叫「不會這樣子做」？

信息：你如果真的學會了，並且成為治療師，你的確可以從當中得到物質上的回饋。但是當妳注視的是利益，而不是出於愛的流動的時候，妳的內心知道這不踏實。而且妳在這方面的直覺敏銳，妳也可以感受到對方的意圖在於發展，而非分享。所以這個東西當下就對你沒有吸引力了。

麗雯：我確實感覺到一個冀望消掉了，真的很明顯。我確實在想，如果這個方法很好的話，那麼花精治療或許會是我想成為治療師的一條路。如果喝了這個花精，真的對我的憂鬱症很有幫助，那麼我就可以提供給其他需要的人，他們就不一定要服用目前那些有許多副作用的處方藥了。可是在訪談中，對方完全沒對我關心的這個部分做出回答，所以我就沒有想再問他了！在回家路上我發現自己之前對花精的興趣也完全消失了。

M：現在是我自己在說的。剛剛那信息很明白在說，訪問前聽到花精這樣的東西，你心裡其實浮現出一個發展的架構，然後你就想去瞭解看看。他講的其實跟你原先期待的也差不多，可是你的磁場最近正在改變，你的內在也正在做一些重新整理的工作，你跟原先的你已經不太一樣，因此你很微妙地會感覺到……

麗雯：對了！聽你這樣講我才想起來，當時我的感覺就是，我跟他的磁場沒辦法相容，如果能相容，我就會繼續談下去。

M　：為什麼會如此呢？因為他在講的時候，並不是在分享。他只是把花精治療變成技術層面的事，他並沒有跟你分享花的美，或是花的能量帶給他的感覺，他並沒有去貼近你。

章成：其實一個人講話的時候，他是在「分享」還是只是「在做自己的事」是有差別的。

麗雯：對，所以我覺得沒辦法跟他再做進一步的交談，我覺得這條不是我要走的路。

章成：這並不代表你不能走花精治療這條路，只是代表他不是你在這條路上的老師，他可能不具有分享的熱情了。但是如果你個人的特質就是很喜歡花，對花很有感覺，那當然還是你的路。

M：在訪問之前，你跟我們敘述那位治療師對你介紹他的花精治療，從你的轉述裡，我感受到那裡面只有「觀念灌輸」的部分，跟商業的企圖心比較有關，一種發展事業的鋪陳，而感覺不到一種真正的感情……

麗雯：他確實想要訓練旗下的一些治療師，然後……

M：但是我確定治療師不是可以「訓練」出來的，治療師必須要能夠活在當下，並且懂得去感受和投入。不然通常被訓練出來的只是一個工具。

章成：這是你自己在講，還是信息在講？

M：是我自己在講。

章成：但我也很同意。愛不是可以「訓練」的，愛的品質要從轉化自己生命而來，而非知識的充實和技術的訓練。

M：接下來也是我自己在講，因為現在並沒有信息來。我相信如果是真正出於分享的人，你會感受到他那種……關心吧。

麗雯：我後來問他對於修行、對於生命的看法。我發現，他的講法不是出於自己真正的體受，雖然言詞是通順的，但不是有生命的。

M：以我個人的體會，你介紹給我的美髮師Amy，一走進去她的店，我就覺得那裡的步調跟一般的店不一樣，她對頭髮的接觸會令人有感覺，我跟你說，那就是「有能量」。雖然她只是剪幾下，但你就是能感覺到她在做的工作、她在剪的頭髮，是在貼近你這個人。真正有「心」分享的人，平常就會散發出那樣的氛圍，他的東西是真誠投入出來的。

麗雯：似乎人際間的互動與看不見的「磁場」，反而比看得見的言詞有更大的影響。我想問信息：人的磁場真的是互相影響的嗎？

M：信息以前就講過了，是相互影響的，但不是絕對。你跟這個磁場撞擊後，有可能跑到別的地方去了，可是跑到別的地方去，一定還有別的磁場跟你撞擊。然而就像星球之間引力和斥力的平衡一樣，你會展現出有個「固定的軌道」的樣子。

章成：人與人之間當然會互相影響啊，所以我不是很明白麗雯你想要問的是什麼？

麗雯：我在感受我跟那位花精治療師為何有種不能相容的感覺……嗯……他確實讓我感受到他專注在推銷他的花精。

章成：他在忙他的事，他是封閉狀態。

麗雯：對對對，問問題的時候，我望著他，可是現在回想他在表達時的樣子，整個是一個封閉的能量，有他專注的焦點，他是沒有流動的，所以我沒辦法跟他交流。

M　：信息下來了，現在是信息了。

節二、找回初心，校正生活，才能真正自我實現

信息：要回到你自己的部分，因為主要是要談論你，我們要回到當初你去接觸這個治療法的想法，我們要就這個來做討論。

麗雯：就是針對我也希望透過某些方式讓自己成為治療師這點？

信息：對。

麗雯：那我不是跟那位治療師一樣了嗎？我也是專注在一個東西，我想用一個東西來讓自己有發展。

信息：賺錢。

麗雯：對……但也不只是賺錢啦。

M：但信息有一個很清楚的部分就是賺錢。

麗雯：當然基本上也是可以賺錢，可以作為謀生的工具……

M：喔！翻譯出來了！你那個轉折、那個思考就是從這個點切入這個事件的，可是如果你今天是因為愛花，你的感觸就會很直接。就是說……這信息我不是詮釋得很精準……就是說，你去訪問之前跟我們講的是，你覺得這種療法很神奇、很有趣，可是你的潛意識是因為有一個發展、一個未來可以架構而去的，你不是因為真的出於愛花而去的。

麗雯：喔！我懂、我懂。所以我是把它當作一個「可以用」的東西去的。

M：信息現在下來了！

信息：你要去發展的是你熟悉、你會去愛的東西，而不是受其他影響而改變自己去弄的東西。(注)

M：祂要講的就是這個。不要東西來了你就被利誘了。

章成：而且這樣才會是真正的自我實現。現在流行講「自我實現」，但自我是什麼？不是那個頭腦覺得「有發展」、「有利可圖」的那種自我的想像和企圖，我們就是因為這樣才會織出一張並不適合我們自己的生活的網。我們沒有針對自己的天性去發展，其實我們有一些我們真的愛的……。

M：對！我瞭解了！信息就是要講這個，章成用有條理的語言說出來了。信息給我是很清楚的，但是我講得不是很清晰。

麗雯：我回想了訪問的過程，我知道我的熱情為什麼瞬間就消失了，因為我感受到他的封閉狀態，可是如果我真的愛花，其實我可以去挖掘他愛花的部分，我可以去瞭解這個部分。當然他沒有流動，可是我也沒有流動。

章成：所以我們應該說，花精治療師沒有成為你的路的原因，不是因為這個人，對不對？

麗雯：對。

章成：今天雖然是針對麗雯的問題在探討，但同時也是一個很好的「範例」，因為對於許多人，包括我自己，在每天的生活中，頭腦的態度（即出於恐懼、匱乏感所投射出的慾望和取捨）很快地、很微細地就會跑出來，我不會對正我的心去抉擇，我可能會被太多的機會、太多的資訊給淹沒，於是我就常常逛到別的地方去。

M：剛剛信息很明確地就是要麗雯你把焦點放回到自己身上。你看，我們很容易

注：常常見到許多人轉換跑道的方式，是把自己丟到一個除了對其中的「獲利」有感覺之外，其他一律沒感覺的投資項目或工作裡，這種方式就像挖掉自己的心，空著殼向前奔跑一般。然而不能用「心」去「享受」的工作，其價值就變得只能以名利之多少為決定因素，其旅程便是以成敗論英雄的惶恐戒懼，無法體驗到那種投入當下、綻放本質芬芳的生命風采了。

去談論別人，可是祂說重點是在我們自己身上，至於當中對對方狀態的觀察，只是討論過程中的一個火花而已。

麗雯：對……我知道了，剛剛的討論很真確……

M：（突然吸了一下鼻子，眼眶竟然泛紅）祂知道你知道了！我現在很想哭……因為現在有一種感動……我很想哭……我不知道怎麼會這樣……。

章成：真的啊？這樣會很感動？

M：對呀……我很想哭……我很感動……。（M聲音都哽咽了）我感受到一股很大的能量。

章成：好神奇喔！

麗雯：（把手放在心口上）是的，我的心有被觸擊的感覺……。這個觸發是，我知道以後我在考慮事情時……要用愛去看。就是要用愛去看，看我要做的任何事情。

章成：是呵！就是要回到那個初心、回到原點。包括我自己，都要時時提醒自己，因為我的頭腦馬上就可以告訴我什麼是有發展的、我可以怎麼操作等等……那個算計好快喔！並非我們沒有心，我們也有，只是我們很容易走岔了，我也要常常提醒自己。

麗雯：此刻我是清楚的了！就是說，如果我不能在某個東西上感應到愛，那東西再好、再神聖也沒用……就是……真的是很明顯，如果真的有愛的話，我的心是會受到牽動的。所以……我知道了……雖然不是能完整地講出來。

M：你知道區別在哪裡了……祂知道你知道了。

麗雯：今天上了一堂很棒的課。

M：我第一次有這樣的感覺耶！說不上來是怎樣的感覺……我平常不會這樣的。

章成：你是說為麗雯而這麼感動？

M：剛剛就是有一個能量下來……

麗雯：對！我感受到一個能量打過來！

M：很強的能量，那是一種欣喜，感覺是個圓滿！

麗雯：我的感覺是它直接打到我心窩這個地方……於是我的心輪產生出愛的感覺，然後我就很清楚在那個採訪過程中，或是對花精治療表現出很有興趣的時候，其實是沒有愛這個部分的。現在我知道我做事情或是衡量事情的時候，都要經過這個部分。

章成：你知道了一種感覺，你可以回去那裡，然後再用它去衡量……。

麗雯：對！沒有這種感覺的時候，代表我就是在「外面」（指沒有歸於中心）。

M　：現在是我自己在講。信息給我的感覺就是，你知道那個用來衡量的點，以後你處事、看事情就要以這個為出發點。祂知道你對這個點是清楚的，並且在心中銘印下記憶了！

麗雯：我覺得很奇妙，那一剎那是沒有語言的，可是就直接瞭解了。當M說他有一股能量、一個感動，我立刻就知道了！那個狀態很明顯，是盈滿的，沒有任何恐懼、懷疑的，如果我做事情是這個狀態，跟我去算計比對起來，我就會知道，那個算計是空的。我會很清楚。

M：包括你的工作、關係，你現在可以重新再調整一遍。

麗雯：對啊！我剛剛馬上就聯想到我最近想換工作的事了。

章成：就是用這個點為基準去調整生活中的一言一行，漸漸地，你的實質生活就會改變了！

M：對。隨時去校正、校準。

章成：也許有的人現階段的生活有很多難處，但如果方向感是對的，一步一步重新做選擇，總有一天我們的局面會改變。也許一年、兩年，有一天回頭一看，整個生活已經是完全對準了我們的天性、對準了愛的。

M：還有一個重點就是，你便會感激之前的種種際遇了！當你回望過去，你不再是傷感的，而是像剛剛你說在你心窩，你所形容的那些感受了！

第參課

線性與非線性

你或許以為世界上只有寥寥可數的佛陀和耶穌，但在整個宇宙中，還有太多太多數不清的佛陀和耶穌了。

這一篇其實與「最初的心」是同一堂課，但是因為主題不同，將它另成一篇。從麗雯做訪問的事件，信息引導麗雯去覺察自己的人格機轉，也去體會如何真正地對正自己，以初心去辨別人生道路。在結尾的時候，M說：「還有一個重點就是，你便會感激之前的種種際遇了！當你回望過去，你不再是傷感的，而是像剛剛你說在你心窩，你所形容的那些感受了！」

從這裡之後，我們又開展出另一篇精采的對話，信息巧妙地藉著這個結語把我們導引到對於宇宙的法則，有一個非常重要的瞥見。

節一、你一清楚，過去的你都清楚

聽到M說，我們便會感謝之前的種種際遇時，麗雯說：「是啊！或許就會感受到，沒有過去的那些際遇，就沒有現在的了悟。」然而M卻說：「不，意思不是那樣的。」不是那樣？我聽起來也以為是那樣呢！

M：我現在沒有信息，我不知怎麼說明，但就剛剛的信息，它的內涵並不是這樣的意思。……喔……來了喔！注意聽！

信息：當你了悟了，在這時，之前的過程就像個琉璃一樣，被包覆在愛中而變得更光亮。這個感覺……比較貼近「回到當下」，這個「當下」跟過去的那些歷程和影像是無關的。

章成：但是你剛剛提到「感激」……。

M：不是因為你必須經過這些過程，因而感謝這些過程，不是這個層次的意義。我要消化一下……就是……祂說就像一個琉璃蓋過去，你那盈滿的清楚會把那些不清楚的以往也整個清楚過去了，有點像是一個能量往「過去」整個啪地打過去了。也就是，你現在清楚了，包括以前「不清楚的那些你」也都變得清楚了。我們用多啦A夢的時光機來比喻，好像清楚的你乘著時光機回去找過去的你，那個過去的你會跟你一樣是清楚的。……這樣講不知道對不對？（M靜默地感受了一會兒。）

M：有時候我們回想到過去的時候還會有點辛酸，一種苦盡甘來的感覺。可是我們現在說的盈滿，連過去也「咻地！」就像花朵全部綻放，它們完全是芬芳的，你不會再承受到以前過程中點滴滋味的影響了！過去的你，那好幾億萬個你都是同時清楚的！你過去每一分、每一秒，片片刻刻的那些你都是清楚的。不是「因為」有他們的辛苦之後才有現在的麗雯。

麗雯：喔！我知道了，就是說我們的思考是線性的，我們在這個線性裡頭才會「分別」說是過去的我造就現在的我。

章成：可是在我們的經驗裡不是這樣的嗎？

麗雯：其實這一刻的瞭解是沒有時間性的。

M　：現在的麗雯瞭解的話，過去的麗雯也全部都瞭解。一般我們都說現在的瞭解是因為過去的經驗累積出來的，但現在的瞭解，這能量是像閃電一樣「咻地！」。你的「過去」、「未來」一樣同時瞭解了，也就是說，那個全相的你（含括過去、現在及未來）也都瞭解了。所以你不用去感謝過去，有點類似這樣的意思。

章成：在我們的生命經歷裡頭有這種經驗嗎？

M　：我們喔……（M感應了一下）一直都存在啊！就像這就是為什麼我們跟信息可以接觸和溝通，祂們就是以這種狀況存在的「清楚」，這個「清楚」是可以穿越時間的，因此你可能覺得它是「過去」或「未來」，事實上它就是永恆地並此時此地的清楚。（注1）

麗雯：喔！對對對！其實就是因為我們認為有時間的演進，我們才會在時間的演進裡頭啦！所以你突然通靈的現象為什麼會震撼我就是這個原因！因為太突然了！太跳躍了！

章成：喔！這有點像是賽斯說的「當下就是威力之點」。

M　：什麼意思？

注1：這令人聯想起《告別娑婆》這本書，書中的高靈到後來告訴作者一個令人震驚的祕密，祂就是作者的「下一世」，祂現在正在教導「前世」的自己。

節二、當下是無限的創造

章成：賽斯曾表示這句話在它的信息中是非常重要的。意思是，所有的事物均存在於「廣闊的現在」，包括「清楚」和「不清楚」，哪一個存在要成為你感知到的實相，並不必然是「發展性的」，而是可以「現在就是」，就是你可以用「跳」的！

麗雯：對，有這個意思、有這個味道在裡面。這是對的，可是又不完全涵蓋剛剛講的。

M：我舉一個例子，有電腦專家跟我說過，學電腦可以是跳躍式的學習，你要用電腦，並不必從最開始的東西一直學上來，現在有什麼，你只要直接跳進來學就可以了。宇宙中的智慧也是如此，你只要直接跳躍進來就可以瞭解。我知道我講的不是很清楚，不知道你能不能體會？我們在跟高靈對應的時候，祂同樣是一個知識的演化，祂是可以飛越任何時間點而在的，所以祂說祂什麼時間點都是**在**。學電腦也是一樣，任何時候你打開電腦，你就可以馬上用，也許再過十年已經變成別的視窗系統，但是你一打開仍然能夠從那裡開始使用。

章成：我們反過來說看看會不會更清楚，就是以上那些話是用來澄清我們什麼樣的誤解？

M　：就是線性跟非線性的不同。

章成：好，那麼如果是線性思考的話，那——

麗雯：那我就不能接受為什麼M突然會通靈。如果是線性思考的話，我也不覺得人是可以啪地立刻切換意識狀態的，就像電腦可以啪地關機，也可以啪地開機，因為我認為必須經過一個線性的歷程慢慢去發展。

M　：就是必須透過累積慢慢成長起來的。

章成：我有點瞭解那個意思了！那個瞭解、那個智慧是可以整個「印」過來的，不是一點一滴編織成的，它是可以整張圖就印過來的，裡面什麼都有了。

M：所以有些人為什麼可以一夕致富，他們之中有些人是清楚這個的！我有這樣的直覺但無法解釋清楚。

章成：那個賺錢的敏感度和知識，以一種種子的方式、濃縮的方式，在一瞬間你可以完全得到。

麗雯：那個好像不是「得到」，「得到」還有一個時間過程，可是信息講的這個是沒有過程的。（注2）

M：這就是我們用線性的方式在做思考。

章成：這又讓我聯想到賽斯曾經說過的事。他說所有我們認為是「可能」而沒發生的「可能事件」，也都存在於「廣闊的現在」，它們都可以被跳躍地感知為下一刻的實相，下一刻不一定要有連續性地跟上上一刻。

麗雯：你講的這個是對的。

M：你剛剛講「下一刻」，指的是未來，然而往「過去」也一樣行得通。比方，雖然你現在的印象是我們的上一刻是你在跟我講話，但是也可以變成是我跑去洗澡，過去也可以跳躍式的改變。

章成：對，賽斯也說到了「過去」，他說因為依你當下的狀態，你所回憶到的過去的一生也會不同。

M：喔！我有一個清楚，大部分的人都是用過去去編織未來，有些聰明的人卻可以用未來的事情來編織過去，所以他很容易成功。有很多很多成功的人是這樣子，用未來來編織過去，他的時間線是可以往回走的。（注3）

章成：我剛剛講的意思比較是說，包括我們認為昨天的我是怎麼樣的光景，那也是在當下這一刻創造出來的記憶，雖然我們會覺得：「不對呀！昨天的我、前天的我，這有個發展歷程下來的，怎麼倒果為因呢？」然而，就連這個「前天的我、昨天的我……」的這個發展記憶都是當下創造的，假如當下

注2：所以較貼切說法應是：並非一瞬間「得到」，而是一瞬間「就是」。

注3：現在讀到這段話時可以發現，這其實就是吸引力法則，不過當時台灣還沒有《秘密》等譯著。

的能量狀況不同，你記憶的一生也不同喔！你會搆到另一種可能性，可是你還是覺得是個「一生」，而現在是從過去那邊發展過來的。

M：我要表達的是，如果有個人當下是很有自信的，那麼這個自信會去建構以前的記憶，變成以前的歷程是一種「磨練」，讓他認為是自己經過這些歷程所以有今天的自信。相反的，如果當下是自卑的，這個自卑也會去建構以前的記憶，變成像是因為過去的種種遭遇，使得他變成他目前的樣子。

章成：所以賽斯說：「當下即是威力之點。」我們會以為過去比較有力量，相對於這個概念才會講當下是威力之點。

M：可是根本也沒有「過去」，都一直是在當下。所以當下有任何的可能——不能說比較好或比較壞。現在我可以清楚這信息了：「當下就是一個無限的創造，包括我們的物質身體和環境。」現在有一個信息來了：「所以疾病是可以改變的。」

節三、物質也可以是非線性的

章成：世俗的說法是，一種積極的生活態度，但其實這就暗含了「當下可以跟過去是不連續的」的這個原理。

M：信息很清楚地表示，這樣的概念可以用來改變疾病。對於疾病，我們會認為那是過去的累積，比方因為你抽菸、亂吃等等造成的。當然，相對於現在你這樣的執著，確定是如此沒有錯，可是如果你可以在當下成為創造性心靈時，你就可以改變疾病的命運，但說起來也並不是「改變」，而是你在創造。你也會在當下建構一個不同於形成疾病的過去。

章成：如果我們可以把事情變壞，當然就表示我們也能把事情變好，可是可以讓改變發生在一瞬之間嗎？在物質世界裡，改變是要花時間的。

M：是要有時間，因為你還在時間線上，但是至少目前你的意識、你的智慧是可以跳脫時間線的……現在信息又下來了！這就是高靈和我們可以溝通的原因，我們的心靈是可以跳躍的，這個跳躍的方式是可以「Match」（接觸）到高靈的。當你是跳躍式的時候，你的「波長」就可以跟祂接觸了。高靈甚至可以帶著我的意識，把我的意識拉到從前去看過去的事，或拉到未來去看未來的事，這就是人家所謂的「第六感」。意識是可以這樣跳躍的，甚至穿越人體、穿越牆壁。

又比如說，為什麼我們會看到鬼？當某個人的意識已經脫離了肉體，但是他的意識仍然帶著身體的影像，當他強化那個影像，那麼確實可以創造出物質性的身體，所以我們看到的「鬼」雖然一般而言跟真正的肉體有所不同，卻也確實是物質性的。不過，要跟肉體完全一樣也是有可能做到的，要看他意識的強弱。舉這個例子是告訴我們，其他物質也是同樣的原理被強化出來的。如果你對此洞見很清楚，你坐在這裡也可以憑空消失，這就是非線性。非線性的途徑就是要去「Match」這跳躍式的心靈本質。

章成：未來既然是不確定的，我們怎麼可以預見「未來」？

M：高靈可以意識到「這些團組」的形態幾年後是什麼樣子，就像一隻手雖然不斷在改變中，但在一段時間內所有細胞組成的形態還會是這一隻手，這個趨勢不會有很大的改變。如果一隻手代表億萬人，還有更大的意識可以看到更大的「團組」。

章成：可是高靈會預言我們個人的事情，我們個人不是很小嗎？

M：所以祂的意識可以下來變這麼小，也可以變很大。這個有點複雜，就像這個世界很大而我們只在這個小房間講話，祂很清楚那個大意識……但是祂沒有辦法用我們的語言講給我們聽，用我們的語言會造成更多的誤會。

節四、空下來，心靈就能夠「跳」！

章成：好，那這個部分先不談，我把我們剛剛的討論做一個小整理。剛剛我們講到的重點就是：第一，智慧不是用累積的，它可以是跳躍式的，你此刻的瞭解不一定跟之前有發展性的相關，因為所有的智慧都已經存在裡頭。

M：現在信息有話要對你說。你心中對於剛剛發生在麗雯心中的那個「愛」、那個「感動」有疑問，你在想那是什麼？祂告訴你那就是一個磁場的吸引，而且跟我們以前說到的「黑洞」引力是有關的。信息很快也很短，就到這裡。

章成：其實每個人都可以在自己心中找到那個部分。

M：信息已經說過，每個人根本都是跟那個部分連結的。然後你說，可是大部分的人都不瞭解。信息說，也有「大部分」是瞭解的。

章成：我並沒有這麼說啊？這什麼意思？

M：剛剛你在說「其實每個人都可以在自己心中找到那個部分」時，裡頭不只暗含了一個感想：好多人卻不知道要回到這個部分來創造人生，也暗含了一種「很難」的感覺，不是嗎？所以雖然你並沒有問出來，祂已經先回答你了。

章成：對啊！如果不難，為何大部分人沒有這樣做呢？而我們的世界是如此不快樂。

M：所以祂回答你說「大部分」是瞭解的。這回答相對於你剛剛的視野，就是跳躍式的、「非線性」的。**你或許以為世界上只有寥寥可數的佛陀和耶穌，但祂要告訴你，在整個宇宙中，還有太多太多數不清的佛陀和耶穌了**，所以也是「很容易」的。

我們所有人是連結的，整個智慧是連結的，你只要「無我」些馬上就能連結了，你就能夠「Match」。每個人都能像我一樣去瞭解和高層連結的智慧，但是他們沒有空下來，或是他們沒有先弄清楚就去跳躍、去「Match」。但也有很多人是Match到的，你不一定看得出來。其實，不清楚的人多，清楚的人也很多，你不用管那些，你要是清楚，當下就可以跳躍。

章成：也可以說，我們有那個能力但是沒去用，然而沒去用不是「沒有」。

麗雯：也可以這麼說吧！

M：就像我們有一台很好的電腦，可是卻不去把手邊的算盤放下來，我們沒有花時間去學一下電腦，結果看到別人用電腦做到的成果時卻嚇壞了！信息還講到，如果人的智慧可以跳躍，他可以開啟（某個機制），甚至連他的肉體都可以是非線性的，整個人可以蒸發掉，有些法師曾經到達這樣的智慧。好了，我感受到要做結尾了，最後信息要說的是：我們今天為什麼要談這個呢？因為有助於以後我們在討論事情的時候，能跳脫「線性模型」，達到對「存有」更高層次的洞見。

後記

就在我整理這堂課內容的同時，M操作著遙控迷你小汽車，逗著我們養的小貓花捲玩，快樂洋溢著屋內。

突然，我竟有一念：「不行……」我覺察到了這個反應，它的意思居然是：「不行，我們不能停留在這裡。」覺察到這點給我很大的撞擊。

這不就是人生的終點了嗎？這不就是天堂了嗎？為什麼當天堂來了，我總是過沒多久就把天堂推開，在心裡憂慮著：「這樣不行……我們得趕快上路。」我究竟要去哪兒呢？

天堂一直在這兒，而我出去繞了那麼久的路，才一再重複地發現，「路」就是「繞路」的本身，我根本沒發現別的事。當快樂如此尋常地出現在我身邊，我才突然認出這就是天堂，天堂就是你終於意識到，你根本不需要用憂慮把快樂推開……

我該說是過去的「追尋」幫助我回到天堂的嗎？還是「天堂」根本就是不再相信追尋？我想這個觸發有助於體悟高靈在這篇信息中所講的「非線性的了悟」，因此以「後記」與讀者分享。

原來人最大的原罪，就是不允許自己只是快樂。真的，其實我們總是深深地、固執地、絕對地不允許自己就只是快樂、只是平安。

天啊！這很荒謬，直到我認出我已經在天堂裡，我才意識到我一直一直反覆地推開天堂，然後把其中的一切邏輯和理由，一切的奔走和緊張，當作會帶我通向天堂的一條路。

※※※※※

我不禁編起一首歌來：

當舒服的感覺出現，我在天堂裡。
當不舒服的感覺出現，我在天堂裡。
沒有什麼體驗能將我提升，也沒有什麼發生能讓我沈淪，
因為無處可去。
追尋的我消失，綠水青山常在。
現在，天堂本來就在了。

第肆課

夢醒・夢省

相對於你們的「想要」，才會有所謂對「死亡」的感覺。

這堂課在二〇〇四年七月二十九日晚間進行，是我主動預約的一堂課。在上這一堂課以前，我已經整理出「宇宙的本質」這篇文章，再三閱讀之後，我從裡面找出可以繼續深入討論的題目，打算在這一次提出來向高靈請教。不過由於一位朋友正在跟癌症搏鬥，我掛念著這位朋友是否能度過難關，因此這個有關特定個人的事，成了我今天的第一個問題。

錄音機已經按下去了，愛耍寶的M唱起歌來，當作大歌星在錄音，被我喝斥「要開始了啦！」，他才乖乖「就位」。

節一、終究，「無常」是無法被「治癒」的

章成：第一個問題是關心〇〇〇先生的病情，我主觀地希望他能夠得到醫治，不知道他現在的狀況如何？

信息：醫治的效果是很好的。

章成：可是前兩天他不能去參加預定好的重要活動，因為聽說又發起燒來……

信息：他得到的醫療是很好的，但是有限。

章成：他可以度過胰臟癌的難關嗎？

信息：不能。

章成：我們沒有辦法幫助他嗎？（M為信息代言，閉著眼睛搖搖頭。）

章成：他會離開這個世界？

信息：是的。

章成：（我的心沉了下來，靜默了半晌）那麼……他有什麼最重要的願望沒有完成嗎？我們可以助他一臂之力嗎？

信息：任何人都可以助他一臂之力，但終究不能挽回。然而，就他的本質而言，這不過是一個新的碰撞，一個新的起點……就他自己清楚的部分，他還是懂的。

章成：不瞭解這句話。

信息：他清楚的部分，在於你們所用的字彙、涵意，他可以很犀利、清楚地做任何

的表達。但終究，對於宇宙整個本質的涵意，他是不清楚的。（注1）

M：信息很多，我無法完全表達，是大概抓一下意思。

信息：這個離世是他之前就設定好的，他已經達到今生設定的目標。

章成：所以並不需要我們去操心？

信息：是。

章成：講到這，我想到另一位朋友因肺腺癌過世的事。剛開始知道她罹癌時，我曾請問過素如所接觸的高靈，祂告訴我們那位朋友的病沒有問題，這個病的目的是幫助她去面對和處理一些家庭關係中的問題，只要她去面對了、去流動了就會痊癒。然而終究，就像一般末期肺腺癌患者在臨床經驗上的存活時間，她在剛好快一年的時候去世了，這不就顯示了，高靈的預言是會錯的？

信息：雖然我們可以知道一個人預定了哪些後果，但他也隨時可以有不同的決定。

章成：那麼高靈在做預測時，通常以什麼方式來做估計？

信息：就像星球運行通常會有既定軌道，我們大概會知道以這樣的軌道運行，未來會有哪些撞擊點。但是這個星球可以整個燃燒，再到另一個次元去。

章成：也就是說雖然預測了軌道上的撞擊點，但中途仍然可能有變化？

信息：是的。

M：可是信息很清楚，〇〇〇先生這次的事件是他本質上很堅定的選擇，就是他已經設定好了，他也照著去走，他會離開這個世界。

章成：所以不同層次的高靈會有不同程度的掌握和計算能力嗎？

信息：並不是這麼說，是有不同層次的預測沒錯，但訊息很多，會接到什麼訊息也跟接收者當時的狀況，以及當時的因緣條件有關，不是「對」或是「錯」而已。

M：我現在有一個清楚就是，跟高靈接觸可以談一些比較大的主題，因為對存在

注1：我的這位朋友，是個作家。

來講其實沒有什麼生死，只是一個能量的轉變而已，因為人類情感上的執著，才會看重所謂「死亡」這樣的轉變，就「知識者」（指信息來源的高靈）來講，覺得這並不是重要的事。

章成：剛剛講到那是〇〇〇先生「本質」的選擇，「本質」是什麼意思？比方說相對於「人格」？

信息：本質指的是貼近你內心，你的整個基因密碼，你原先設定的那些組成路程。

章成：有一種說法是「非常內在的渴望」。

信息：這麼說也可以，不過如果就人們對「渴望」一詞的理解，那還是比較外層次的，還有更內在，更原始的動力存在，那不是頭腦可以決定，那是在DNA裡面的。

章成：這個部分人有可能知覺到嗎？

信息：當你了悟到「每一個細胞都了悟」的境地，就能超越這個部分。這DNA的密碼可以整個拆解掉，這解開就是能量的釋放，是一個燃燒。

〇〇〇先生的癌症是他的DNA已經設定：什麼時間到了，就會出現什麼樣的狀況。但有些癌症不是如此，是我們周遭環境改變而造成一些密碼、某些程序的突變，現在的醫療對這種癌症還無法根治，但它是可以預防或被根治的。但是對於本質所設定的癌症而言——除非你能解開基因密碼——但那畢竟是一個太龐大的工程。其實，在意於治癒疾病並非究竟，因為無論如何，沒有一件事不會改變的。

章成：不管什麼原因，身體終究是會改變的。

信息：大地也是一樣。宇宙中就是不同的磁場一直在撞擊，無窮的改變正在發生，整個是相互牽引關連的，沒有誰能自外於改變。疾病或許能讓人反省到人類與環境的依存關係，你如果愛護環境，不做某些事，就可以維持某種「平衡」。然而，經過幾億年之後，還是會改變，所以更大的啟發並不是在此。只關切是生還是死，終究並不能長智慧。

當然話說回來，也許透過這種關切，人們可以在此過程中有些智慧上的提升。所謂「智慧的提升」就是指：經過一個撞擊，你原本的執著開了，你離開了某個層次的軌道，然後撞到別的地方去了，比方說更高的層次，或是整個燃燒掉。（注2）

節二、纏與禪的對話

章成：好的。現在進行第二個問題：我們如何對「緣起性空」有更深刻的洞見？人因為知覺力的限制，或是因為觀察力的關係，對於「物質身體」以及「以三次元世界為唯一實相」，是相當執著的。我們許多的恐懼、煩惱也是從這裡來的。

信息：答案都告訴你了啊！剛剛講的就等於是這個問題的答案。

章成：是的，我觀念上可以瞭解，可是我們對死亡卻好像有一種很原始的恐懼。

信息：根本就沒有所謂原始的恐懼，恐懼是因為你們有一個對比，就是說你們的存在相對於你們的「想要」，才會有所謂對「死」的感覺，要不然死根本沒感覺。

章成：對，那麼我們如何突破這樣的限制呢？而且我希望每個人都可以這樣做。

信息：就是能夠空啊！能夠放啊！很多觀念能夠鬆掉。

M：祂講的「鬆脫」，含意是很大的，意思是：整個瓦解之後，自然地、無意識地離開這個氛圍。

章成：信息所在的位置有我們所沒有的自由度，有我們沒有的眼界啊！

M：都有啊！……祂說我們每個人本來都有這個能力和眼界。

章成：如何讓我們回復這樣的能力和眼界？

M：剛剛有跑過一個訊息，是跟作夢有關。

章成：是指透過在夢中學習？

M：不是……我沒有把這訊息解碼下來……。

注2：我罹癌的朋友在這談話後的三個月過世。

章成：你想想看，即便我今天把這樣的信息傳布出去，或許人們可以在觀念上得到一些瞭解，但並不能因此解脫生死的恐懼執著。當然我們知道，日常生活有許多執著是可以透過觀察探索而解脫，但是這個……

M：祂說像開飛機，你感覺上好像是駕駛在開飛機，其他的機組人員各自扮演著不同的角色，可是並不是那些人在動，是飛機自己在飛在動的。……這很好玩，祂說飛機是自己在飛的，是飛機在控制人去飛它的。

章成：是嗎？可是如果人要它降落，它就降落了啊！

M：對啊！這也是飛機的控制和設定啊！

章成：這是一個比喻嗎？

M：對。是個比喻，可是我也不知道為什麼跳到這個（指飛機的比喻）來。（注3）

突然出現的這一番比喻，讓我如墮五里霧，一時之間講不下去了……我們沈默了一會兒，我把自己剛剛的思路又再延續下去。

章成：當然在自己的成長過程當中，由於對「緣起」有一些觀察，本來固著的立場會鬆動，而從其中得到少部分的自由，但是還是有更深的執著。當然我知

注3：這堂課結束後一個月內，我內心經常感觸到，「我」不是「一個我」，而像是整個浪潮中湧起的一朵海浪，每一個意念和決定，看似是「我的」，但卻是無盡的因緣條件共有的一種湧動，這段期間，我眼中的別人也是如此。有一天，我突然想起高靈這段讓我覺得無厘頭的回答，便明白了。波浪說：「我要如何游到彼岸？」大海回答：「不是你在游，是海流在往復啊！」原來這無厘頭的回答，就像為小波浪拉開帷幕似地，突然將大海展現在眼前。當「自我」意識到那更廣闊的，雖然它無法消化它所意識到的，卻知道自己不會再問原來的問題了。

原來，「無厘頭」是由於我問問題當時意識的格局，才會有此種感覺，現在看起來，卻是個突破格局的回答。此外，這種課堂當時不甚了了，之後卻在生活中滋味出來的情形不只這一回，陸陸續續，讀者將看到其他類似的狀況。這是很奇妙的一種經驗，試想：當你聽到一個不瞭解的東西，然後總是過一陣子，你真的就瞭解了，這真是匪夷所思！因為讓你形成那個瞭解的，是生活中點點滴滴看似不相干的際遇，可是卻被先提到前面告訴你了。我覺得我真的開始「感覺到那架飛機」了！

道以高靈剛剛那樣講，有更大的視野⋯⋯

M：我跟你講，現在跟剛剛不是一樣的高靈喔！是不同的訊號、不同的氛圍喔！現在的信息說：「就像你曾經有的洞見，講開來就是那樣，其實就是那麼簡單。」——（注4）

章成：如果說那麼簡單，我現在為何⋯⋯

M：還是那麼執著？

章成：對。我們不會一直在「無我目睹」當中。

信息：之前講過了，「無我目睹」的發生，會讓你更熟悉這個途徑。你剛剛求的其實是天方夜譚，因為它基本上是無止境的，你只要曉得路途，就一直走！沒有所謂終點，也沒有所謂目的要去！可是你的探討是有目的的。

章成：不是有目的的，我只是說⋯⋯

信息：「鬆脫」就是你的「路徑」。你不要拿一個「要如何更深刻地洞見緣起性空」的問題，在那個需求裡面打轉！你如果真的瞭解緣起性空，還要這樣問下去嗎？

章成：如果我不問這個問題，我要問什麼問題？不然高靈希望祂對我們有什麼提升？

M：祂已經講過只是一個能量的碰撞而已！

章成：我們的煩惱其實是跟我們的「見識」有關，我們不會感覺到一切是「相對的」，即便是在觀念上瞭解，但並不是我們的洞見。

M：你不用跟我講這麼多耶！跟這個信息接觸的感覺和以往是不大一樣的，這個高靈是比較像老和尚那樣的。要Match到祂，你必須在一種能量狀態，而不是用理性思維這樣去鋪排。不是說你用這樣問就能上得來的。其實我收到的信息是很多的。

注4：在大約三年多前，我曾念頭頓斷，回到當下，破生死見，悟無生本來面目。當時我參學的老師把它稱做「無我目睹」，我覺得很貼切。「無我目睹」就像大腦的「視覺暫留」作用停止，當下真相當時當刻顯現出來。而因為幻象的消失，而終於知道幻象是什麼。

章成：都是來自不同地方嗎？

M：也有來自相同地方的，但是你Match不到，就是因為你的開闊度不夠；你還沒有鬆到那個程度。這樣講不知道對不對？……應該是說我的能量狀態也不夠強……但因為你的狀態是比較線性的，所以也會有影響。

章成：其實我只是問出人會問的問題。

M：祂回答你了呀！

章成：可是如果我有疑問，還是會再問啊！

M：可是你的疑問還是在那個回答的範圍裡！

章成：是嗎？

M：是啊！你可能要自己再多下點功夫了！如果你一直在兜圈的話，就無法Match到高靈的能量……其實那個能量是跟你有關的，如果你Match到的話，我就能跟你有一個很好的流動。可是因為你陷進去了，我也會跟著受到影響，所以我才阻止你，說要你不要講那麼多。

信息：總之，宇宙只不過是這些無盡的碰撞在流轉，其中無所謂生死，而感受也只是基於我們的設定，然而當你還有「念」的時候，這些就體會不到了。所謂的「念」就是你的「想要」、你的「目的」，當你有目的的時候剛好就得不到這個答案，當你把目的拿掉你就會清楚看到這一切……

M：說起來就是「空」，說要講什麼？實在也沒什麼好講。如果要貼近你的語言去講，信息很明確地表示這樣不行；這樣是錯誤的；這樣會誤導你在一個「念著」（意念的執著）上面。就好像「菩提本無樹」，你卻一直在問塵埃的問題。

M：（打了個呵欠）沒感覺了（指沒有信息了）……。你要不要再看一下你列的問題（我在討論前先在紙上列了四個問題），重整一下，因為信息說都回答你了。你列的問題同質性很高，其實都是同一個感覺出來的東西。

章成：剛剛信息說我有個目的性，這個目的性就是說……

M：就是你想去「清楚瞭解」，這就好像說「有一個東西」在那邊讓你可以去清楚瞭解，可是事實上就是沒有這個「東西」，那要怎麼樣告訴你「一個東西」能夠讓你去「清楚瞭解」的？……現在信息來了，祂說這個道理你如果完全知道的話，那個路徑就會讓你完全都燒掉了！那個路徑不是緩慢一點一滴的，是像一個打勾，像一個向上的拋物線那樣衝上去的。

章成：我如果不問這個問題，對我而言，好像就沒有問題可以問了。

M：這就是「緣起性空」啊！祂跟你講說，你想要有問題問，就要有緣起嘛！你有緣起就不可能性空！（笑）你了悟的話，這種緣起就沒了！但是大多數的人多在「學習因為緣起，然後在緣起的環境下性空」，以示修行功夫。這裡面還是有一個「我執」的存在——因為要證明修行的功夫。（注5）

M：還有信息……祂說就像一片草地，如果每一根草都是一個生滅，草地裡面生生滅滅、滅滅生生，可是你用更大的格局來看就是一片草原在那邊，你再把格局拉大一點可能是一塊大地，甚至連草原都看不到，只是地球的一個洲，再拉得更大，對宇宙來講又只是一個球（而沒有「洲」了）……。

章成：我怎麼樣能有這個觀點？

信息：這個問題很好。

章成：這個問題就是我原先的問題。

信息：這個問題就是要你不要提任何問題。（注6）

章成：祂這樣回答嗎？

M：對……喔，祂說當你要提問題的時候，你就把祂忘了！就像你走到這邊，帶著一個問題，突然轉過身，問題就不見了。

章成：嗯，我明白了……這教導是針對我，不一定適合別人，是嗎？

信息：廣義上對所有人都有用的。不過這樣的說法對「已經是草皮的人」而言是適合的，對「還是草」的人，他們會不知道在說什麼。

注5：提問、學習、追尋、獲得……自我在裡面得以繼續想像並感受到自己的存在。

注6：M說信息能量的意思是「清醒地回到當下」，不要提問題。

章成：嗯，我明白。

M：你聽懂了，我卻不懂，呵呵！

章成：你自己有沒有想要討論的事情？比方說你今天的情緒不好。

M：我今天能量狀況比較差，到現在內心那個悶悶的部分還是在，但是我現在比較不擔心有情緒了，因為我知道下一刻它可能就改變了。

章成：我想回饋給你的是，今天的品質仍然非常非常好，似乎並沒有受到影響。信息的回答是很究竟、很本質的一種回答。祂沒有降低層次走下回答我。

M：沒錯，祂很清楚地表示，如果拉下來講，訊息就一定是不對的，祂不能走下來，你必須走上去。祂用比喻來講更大的，然後你再用這更大的去看那原先較小的，就會清楚了。

章成：祂給我不打折扣、很純粹的東西。所以即使你認為自己今天狀況不佳，但這一課還是很棒。

M：我是不知道啦！不過我反正聽過就把它忘了！呵呵！（注7）

節三、夢醒・有省

討論到凌晨十二點半結束，我們便就寢了。睡著以後，我做了好幾個夢，這些夢主要的感受都是非常地疲累、困乏且辛苦。比方說夢到在學校遇到了期末考，我正在考一科類似物理或數學的科目，在夢中我很焦慮，因為好久沒碰這些科目，早就忘光光了，可是這又是很重要的期末考，於是我在考堂上便很辛苦地面對著考卷，萬分艱難地試著計算和回答。突然間，我醒來了！一醒便記起來：我早已畢業多少年了！我都畢業了，卻還以為我期末考還沒考過！你知道那種感覺嗎？我都已經畢業了！我還去擔心夢裡的期末考有沒有考過？！哈哈！

然而，聽到自己心裡的這些驚嘆，我再度恍然有省！

注7：所有的事只要這樣就好，不是嗎？

第伍課

日出而作，日落而息

人總在「軌道」中走，當你在這個軌道中受傷時，你就必須找到能治癒你這軌道能量的「太陽」，所謂的「各種宗教」就是這個意思。

二〇〇四年八月二十一日。清晨醒來發現M不在床上，我知道他跑到客廳伸展身體了。這星期以來，每到清晨他右半邊筋絡的不舒服總會把他弄醒，他怕動來動去會吵醒我，就會溫柔地「溜」到客廳，試著扭動身體來調整筋絡。記得白天的時候，他已經說今天特別不舒服，因此我起身到客廳去探望他。

我們的客廳沒有一般家庭的電視、沙發等等陳設，是一個典雅的日式空間，裡頭鋪設的一大片榻榻米，當初就是為了可以進行一些有關心靈成長的聚會和活動而設計，額外的好處就是任何人可以隨時隨地寬敞地躺下來，恣意地伸展身體，而M果然正躺在榻榻米上伸展身體。

M對我說，整個右半邊的氣都不通，所以也睡不好，而今天特別地不舒服。M自己白天已經「扭」了一天，不見改善，恐怕要再去整脊師傅那裡報到了。M右半邊筋絡不順、氣不通會造成他呼吸變淺、胸悶、煩躁、難眠，三年多前我剛認識他時，情況比現在嚴重很多，幾乎沒有一天好睡，情緒也變得容易生氣和憂鬱。我進入他的世界以後，他在心靈上漸漸得到安全感和休息，接著是搬家到距離工作地點近的地方，以節省往返時間，讓自己可以早點睡，後來則下了大決心離開原先的工作，北上和我同住，並且在工作生涯上轉換跑道，發展他本來就很有天分的室內設計工作。漸漸地，就像一個復健的過程，他的身心症狀獲得了大幅的改善，現在他只有很少的時候睡不好，而且不舒服的筋路也經常可以自己調整回來了。

就整個大趨勢而言，M是愈來愈健康的，所以我知道只要繼續朝著「放鬆心情、睡眠正常」的方向走就對了，但是右半邊筋絡不順的狀況似乎也頗為頑強，有時候還是會有特別不舒服的時候。我看他這樣，心裡正有些不捨，突然想到，既然睡不著，乾脆來請教宇宙中的信息吧！問一下這個狀況該怎麼辦最好？

眼睛布著血絲的M表示同意，我們回到房間坐在床頭，拿起錄音機便開始上課了，時間是凌晨四點二十三分。

節一、「日出而作、日落而息」可形成身體健康的正向循環

章成：我們想瞭解M身體右半邊的問題。

信息：淤塞……壓迫……第二十三節脊椎。氣血不彰。

章成：目前的治療方向正確嗎？（注1）

信息：行。

M：突然看到一個很大的黑點打進來……

信息：這些醫生未循正軌。

章成：聽起來似乎是指，他們的方法並不是治本之道是嗎？

信息：是的，可以這麼說。他們雖有一技之長，卻沒有同理心。

章成：那麼M這個問題的根本是什麼？

信息：出乎於自己內心的觸發未能實現。

M：現在是我自己在講。我可以瞭解祂這句話的意思，就是說我的內心真正想要

做的運動其實不是現在這樣子的。（注2）我長久一直在壓迫身體，造成它現在的問題。

信息：修復能力下降。

M：就是說我是有修復能力的，但是愈來愈下降了。

章成：是的。我想討論一下如何恢復M身體的自癒功能。

信息：很簡單，只要「歸於心做」。

章成：這是指M有一些運動，是頭腦想要而不是心想要的？

信息：是的。

章成：他很喜歡練健身……

信息：健身跟他的心漸行漸遠。

注1：我指的是整脊師傅以及最近M去給一位名中醫師看診。

注2：M長年上健身房，夢想是成為健美先生。

章成：那他的心想要的運動是哪一類的？

信息：流暢、跳躍、流動的。相對於此，健身是屬於「停滯」、「淤積」的。「日出而作、日落而息」，這是一貫的道理，運動本來基於萬物皆動。若是日出而作，氣血運動皆可以順暢。

M　：我知道意思，祂是說你要從事什麼運動都OK，但是你要日出時才去做，日落之後這些活動就要靜止。

章成：要練的話要在白天的意思？

M　：對。如果晚上運動的話就會造成氣滯。

信息：氣血運脈將因日落後運動而遭到阻塞，將與健康漸行漸遠。

章成：這是一個重點，不過剛剛講到M內心所想要的運動是流暢、跳躍的，所以運動的種類是不是另一個重點？

信息：若不是出乎於心的運動，不長久、不真實也不正確，就容易受傷。不過他只不過是「氣滯」而已，沒有真的受傷，就像水管被捏住了。

章成：很多人也都在晚上練健身，卻沒有M這樣的問題啊？

信息：漸行漸遠了，只是問題尚未出現。生命的本能，就是「日出而作，日落而息」。

M：祂是講一個很大的東西，不管任何身體都適用這個法則，「日出而作、日落而息」是指有一個氣息的循環，有一個磁場的法則存在，如果違背這個法則，早晚健康會出問題。

章成：不過信息中還講到一點：出乎於心的運動。好像是說有些運動不是出乎於心，而是出乎於……

信息：意識上的爭辯。

章成：競爭比較嗎？比方說比賽。

信息：是的。這些運動用來滿足人頭腦的需求和幻想，但也同時是無法滿足的。而出乎於心才是真正的想要和互動，多數人皆能及。（注3）

M：「皆能及」就是都能觸及的意思。

章成：就是每個人都能觸及心的感覺去運動。那麼M希望自己有一個健美的身軀，你覺得？

信息：運動中還是會有來自某種文化氛圍的「比較」以及「非心願」的想要。血脈氣度皆有定律、皆有主張，未循常軌運行自然就有諸多不順。

M：就是說，譬如本來軌道流暢的話是要轉右邊去的，可是你就在這個時候一直給它反轉，氣就會像龍捲風似地在那邊旋轉而不過去，當你不動的時候氣當然還是會過去，但這個氣旋就會在這裡造成阻礙。（注4）

章成：可是對上班族來講，一般都是在下了班後才能夠運動的。

節二、夜晚不適合從事操練式運動

信息：「靜動」亦動。日落後應該是「休息」和「恢復」期，可以做一些比較鬆散、活絡筋絡的運動，這對健康是有幫助的。

M：就是說晚上不適合做「操練式」的運動，適合「活絡式」的運動。操練就是

「破壞──生長」模式的運動，比方練健美長肌肉的原理，是先破壞肌肉再修復而增生，這種是屬於白天才適合的運動，而「活絡式」是屬於放鬆以及讓氣血通暢的運動，這類運動白天晚上都可以做。

信息：人是一種「日出而作、日落而息」的生物，他的軌道便是如此，破壞定律就是自找麻煩。

章成：為何M今天特別會有痛感？

信息：壓迫到脊椎第二十三節。筋骨的壓迫造成氣滯。

章成：除了以後晚上不要從事操練性的運動之外，有沒有什麼樣的功法有助於改善他累積已久的狀況？

注3：的確，以塑身為目的的運動雖可能達成所設定的目標，但同時也使人繼續產生新的想望。我自己健身五年，親身體驗到：健身與追求時尚一樣，你永遠是正在滿足同時也不滿足的。

注4：這讓我想到在報路況的時候，一起事故雖然已經排除，恢復通車了，但是回堵的車陣還是需要一段時間才能消化完畢。

信息：「太極」是可以流動的。

M　：我知道了，最近阿玲拿來給我看的「太極十二式」，就是適合我的。

信息：若要身體有所不同，便要與目前生活運行的軌道不同。

章成：對了，為什麼是右半邊而不是左半邊？

信息：因為小時候摔傷了右半邊，那時沒有處理好。但終究，這並不代表你的人生就「可以」一直受傷下去，埋怨過去只是一個藉口。

章成：受傷是可以恢復的。

M　：不，祂的意思是說即便沒有恢復，也對你的人生完全沒有影響。如果你歸於心在走，那根本就沒有影響。

章成：嗯。M身體的問題討論到這裡我覺得已經可以了，M你覺得呢？

M　：可以，我都瞭解了。

章成：那麼我也來問一下自己的身體好了。我沒什麼病痛，大概就是支氣管比較敏感吧！自從六年前一場大感冒咳了一個月之後，氣管就變得比較敏感。

信息：只是你沒有把它處理好，人家有給你建議你沒有去做。這沒有什麼特效藥，氣管是很脆弱的，就像玻璃一樣，一旦有裂痕了，必須要有溫度讓它去重建，所以保暖或用蒸氣熏是有效的。

章成：那麼我的腸胃系統從小就不大好，這個部分該如何？

信息：你只要多動就行了，流汗、走動，自然而然就會改善、會好。散步對你而言是個很好的運動。當你動之後，你的身體就會有些轉化，你就會有想吃的食物，也會自動去接觸這些食物，就會療癒。（注5）

章成：我猜想M你今天通的信息來源，跟之前的也不一樣對嗎？

M　：嗯，不一樣。

章成：如果你可以用顏色來形容，那……。

注5：直到二〇〇五年下半年，我在M的帶動下才算比較常出門散步，每次散步的時間從一小時到兩小時不等，算是走得蠻長的，我胃脹的問題真的不知不覺不見了。當然，定時吃飯，盡量不餓過頭也很有幫助。

M：綠色！祂知道你要問什麼喔！祂是像「華陀」那樣的角色。

章成：我這樣問是因為曾經聽說在靈氣的顏色中，綠色代表的是「療癒」的顏色。

M：我沒聽說過，但直覺的答案的確就是綠色。

信息：這些信息一直在人們周遭，每個人都可以感受到，你的心可以感受到，只是你不一定採用它。

章成：也就是說，我們不一定得透過這種通靈的方式才能夠得到指引？

信息：是的，但通常是知道歸知道，並沒有去實踐，最後還是去求醫生，求速效。

章成：對了，一開始講到M去看的兩位醫生，信息說那兩位沒有同理心，這跟治療的成效有何關係？

信息：他們是有能力的，他們其實知道有哪些方式讓你可以治癒自己，但是他們沒有告訴你。

章成：你是說，他們是「有意識地」選擇不告訴M嗎？

信息：是的。

章成：因為他們想多賺一點錢？

信息：嗯。

章成：（我有點生氣）……談到這裡，我覺得有時真的是旁觀者清，像我之前就一直覺得練健身這件事對M筋絡不通是有影響的，但是他就是一定要練。而我的氣管問題，M也提供給我方法，但我就是沒有去正視、去實行。

信息：這是頭腦的喜惡使然。但不是不可以練，而是不能在晚上，修復力會愈來愈低，受傷就會一直下去。他這幾天會特別不舒服跟這有關。只要記得「日出而作、日落而息」。（注6）

節三、面對朝陽對身心靈非常有益

信息：早上起來面向陽光，對健康是有幫助的。當你不舒服時，早上起來去面對陽

注6：上個星期，M每天回到家已晚上九點，仍然匆匆前往健身房卯起來練，他還說重量有突破呢！

光是有幫助的。

M：祂講出一個「密碼」：早上的陽光具有很大的修復能量。我為什麼把它稱為「密碼」？因為它便是所謂的「養生之道」。你如果想活得長久、健康，只要早起面對早晨的陽光，會接收到整個大氣循環所給予的磁場能量。

章成：現在的都會生活愈來愈往晚上移，也就是晚睡晚起。那麼整個人類的心智為什麼會往這個方向選擇呢？那個「氛圍」為什麼跟自然的韻律是違背的？

信息：那就是因為無止境的貪念，造成社會的結構；舉凡政治活動、經濟活動、娛樂活動朝向惡性循環發展，如果能夠「日出而作、日落而息」就會造成很好的正向循環。

章成：所以就是因為貪念，想要更多……

信息：就是不懂得「日落而息」，人們不懂得放下，所以每個人都累過頭，自然就會晚起，然後又會晚睡，就這麼循環。你只要早睡，身體休息夠了，自然就會早起，早起其實不用人教的。

M ：接下來有一個很重要的觀念要傳遞喔！

信息：**人休息的時候能夠知道「本能」。當你在休息的狀態下是接近本能的，本能會有治癒自己的能力，可是當你過度使用自己的時候，你的頭腦是不知道要休息的。**

M ：因為貪念，我們不曉得該休息了，包括貪戀娛樂也是。我們認為娛樂是休息，可是身體也許需要睡覺，在睡眠中空掉自己回到本質，才會有真正的休息和再生。

章成：這段話跟前一段話也是同一個來源嗎？

M ：對。像華陀那樣的感覺，祂會告訴你人生真正的養生之道。目前的社會環境有個惡性循環讓人很容易掉下去，但今天祂給我們講這個大方向，如果我們願意去做，人就會得到釋放，更接近本質。

「面對早晨的太陽」是一個很大的「密碼」，這是今天另一個很重要的信息。它的功效不只在身體上，也在心靈上，這能量會讓你更容易回歸光明面、回歸「本質」，這是一把鑰匙，如果這麼去做，可以體會很多東西。

節四、從「療癒」的對治法回歸到「非療癒」的無為法

信息：當你打掉自己的模式（某種循環），接下來變成任何循環都有可能，「面向陽光」的這個循環比較像是各種宗教要給人們的，可是還有更大的空無——本來無一物，你根本不需要這些「陽光」來療癒。

章成：我似乎能夠觸及……。

信息：「宗教」就像陽光，給你們心靈上的滋潤，但如果這樣的話，你們就是還在這道陽光裡面，沒辦法超越。當你們超越這道陽光時，你本身就是陽光，或者說，便可以遊走在黑暗裡面，就是沒有所謂的黑暗或光明。（注7）人總在「軌道」中走，當你在這個軌道中受傷時，你就必須找到能治癒你這軌道能量的「太陽」，所謂的「各種宗教」就是這個意思。（注8）

章成：我清楚了！但是如果你根本沒受傷的話，這些治癒的軌道也就用不到了！而

空無的本質是無所謂受傷的。

信息：宇宙中的太陽有億萬個，無法估算的多。看你環繞的是哪一個太陽系，你就在哪一個軌道求治癒。如果你不在某個軌道上走，自然你就超脫那個軌道系統的法則。比方你具有的軀體型式，是在這個太陽系的模式循環裡面，那麼如果你受傷，太陽確實是可以給你修復的能量的。然而，如果你的觀念不侷限在這個太陽系裡面的話，你的意識就能夠到達其他的能量場去。當你能夠如此，你根本不需要這些能量，而且你本身就能治癒別人了！

章成：他就不需要服膺太陽系的法則了？

信息：對。當你知道要超脫這些能量，你就沒有所謂的苦了，也就沒有所謂的生老

注7：沒有光明、黑暗的分別，意味著超越了二元對立的「臨在」。

注8：這裡面也暗示了：因為有不同軌道的人們需要療癒，因此也會演化出不同軌道的宗教，所以人們實在不必為了宗教認同而爭執。不同的宗教就如同不同的稜鏡，反射同一個太陽的光，只是產生出截然不同的色彩罷了。

病死了。當這些都沒有的時候，你就根本不需要這顆太陽。

章成：我們可以當下就這樣嗎？

信息：雖然你可以說當下就這樣，但你並沒有真正超脫這些能量的影響，這就是你們所謂的「有功課」了。所謂的解脫，是當你離開這個肉體的時候，你已經準備好了。當肉體還在時，你就還在這個太陽系裡面，你是有生老病死的。但當你的觀念已經先超越了生老病死時，你是可以決定要不要這個肉體的。所以，目前這個肉體就是一個「功課」。

M：喔！我懂了！就是你再怎麼超脫，你還是在「人」裡面，你還是在這個太陽系裡面。但是當你已經準備好了，你就可以離開了，離開就什麼都沒有，也不用牽掛這些。

章成：準備好的離開才能達到解脫的狀況。

信息：對。準備好但還有肉體的話，還是沒有離開這個系統。當因緣到了，你也會知道，你就真正的離開。

章成：這是否是佛教講的「入無餘涅槃」？

信息：異曲同工。

章成：佛教有「有餘涅槃」和「無餘涅槃」的講法。當還有身體，而心已接近解脫時叫「有餘涅槃」；當身體毀壞，就進入「無餘涅槃」。

信息：如果還沒有準備好，就會一直有所追尋，就是所謂的輪迴。

章成：所謂的「準備好」就是「鬆脫」、「無所執著」？

信息：不要在名詞上代換。如果我們用這些名詞去解釋，無論是「涅槃」、「鬆脫」、「不執著」，這些意象本身又是一個框架，又會成為追求的目標。我們要講的是一個「動詞」，不要把它變成「名詞」。其實你剛剛有觸及那感覺，你只要常常歸於此就行了！這跟以前講的「回歸本質」，或那個「路徑」都是一樣的意思。

章成：這回答很好，很棒！好的，那麼我們今天就到這裡了。

第陸課

讓本質開花

人生中的恐懼、擔心就如同風。
有了這些風，有了這些搖曳，
會讓你這朵本質的花開得更加美麗。

阿玲最近應一位久未聯絡的學妹邀請，幫對方公司帶領了一節放鬆身體的課程。阿玲非常享受這樣的團體活動，不過這樣的時間在她的生活裡是很少的，她告訴我們的，大部分總是目前工作中種種不開心的事，包括爾虞我詐的同事關係，以及一心只向錢看的老闆等等。阿玲在一家我們俗稱的「賣藥電台」工作，正在研讀中醫的她，更不能認同不具醫學專業的主持人，用吃不死人的藥品來延誤患者病情。但是為了一份還算不錯的薪水，她仍舊每天化了妝去上班。

這故事聽起來真熟悉不是嗎？街上隨便一抓就是有同樣遭遇的人，我們時常覺得生活是「討」來的，而且好像擺脫委屈求全日子的唯一方法，就是中樂透！

節一、邂逅一個「討理想」的人

然而，二〇〇四年八月二十九日星期天下午，阿玲、M和我見到了一位不是在「討生活」，而是在「討理想」的人。那個人也想中樂透，不過他是為了實現更大的理想。就他的行事風格而言，他早就不為「討生活」而妥協了！有趣的是，生活並沒有因此而發生問題到他需要放棄理想的地步，於是一路走來，他一直都在做自己想做的事，並且逐漸地走出一條路來。

這個人是全景工作室的吳乙峰導演，他拍什麼片呢？紀錄片！在台灣拍紀錄片，這種人果然就像他自己的名字「已瘋」！他早期的作品《月亮的小孩》，記錄的主題是白化症，曾經是最多台灣人看過的紀錄片。除此之外，他還拍過老兵、貢寮，以及種種發生在我們這塊土地上的真實故事，但我想看過的人恐怕就寥寥可數了。

一部紀錄片總是要投入數年心力才能完成，內容其實常常是撼動人心、發人深省，然而在大多數人的刻板印象中，卻被想像成一種「嚴肅、枯躁、學術研究」的東西，電視台也怕播出這種沒有明星、內容又不是大家熟悉或期待的節目，因此紀錄片在台灣比「國片」更邊緣，拍紀錄片的導演簡直就像「台灣特稀有動物」一樣稀有了。

我們去見吳乙峰導演，目的是去看他即將在院線公開上映的紀錄片《生命》。說是「院線」，其實也只有一家而已，就是台北市西門町的總統戲院，而且還是採用「包場」的方式，也就是戲院已經先收錢了，吳導必須自負盈虧。《生命》這部紀錄片記錄的是一九九九年九二一大地震之後，位於南投縣九份二山地區，四個破碎家庭中的倖存者四年來的生活歷程。吳導與這些倖存者相處好一段時間以後，才開始拿起攝影機記錄他們的故事。震災中至親和家園一夕之間消失，人面對這種生命的斷裂會有怎樣的心路歷程？

我老早就聽說這部片拍好了，聽說影片要上院線，便找了幾位廣播界的朋友約了吳導舉辦一場迷你試映會，希望也能支持一下這麼用心難得的作品。

在小小的試映室裡，我們在兩個半小時中接受來自「生命」的震撼。燈亮以後，吳導走進來坐定，準備跟我們進行交流，現場卻是一片因複雜的情緒而凝結的沈默。這部片沒有我們想像中哭天搶地的畫面，也沒有強調災情怵目驚心的場景，卻有著更多來自生命的「物換星移」而有的複雜情緒。這部紀錄片值得玩味的地方非常多，每個人幾乎都能從中找到進入自己內心深處的畫面。導演說，這部片非常適合跟家人一起來看，的確是如此！最好是兒子邀請父親，父親邀請母親，母親邀請阿姨們……。我看完這部片的第一個感想，就是一定要再看一遍，第二個感想就是一定要找親人朋友來看！

離開了全景工作室，M、阿玲和我除了受到這部片子感動，也對社會上還有人願意做這種有「心」的事，並且如此長久地堅持下去，感到欽佩和動容。

回到花壹曉居，我們三人說好晚上十點要一起討論將來在心靈成長的工作中，可以做哪些利人利己的事。這個討論是原先就定好了的，因為幾天前的一個早晨，M在客廳的榻榻米上拉完筋後靜坐了半晌，結果有信息跑出來，是關於我們三人在花壹曉居可以做些什麼的建議，這些建議都是有關我們如何本著個人的特質，做一些幫助他人心靈的工作。我們於是決定星期天晚上一起討論，「一起」的意思，當然包括了高靈的信息之流。

我們聚集在錄音機前準備開始，這堂課主要由阿玲發問，結果我們並沒有討論到具體計畫，卻對每個人都會有的生存恐懼以及「做自己」的矛盾，做了一次宏觀的探討。

節二、別小看你的貢獻

章成：時間是二〇〇四年八月二十九日晚上十點二十五分。

阿玲：一連串的事情使得我想轉換工作的意念愈來愈強烈，包括去帶那個身體放鬆的活動。我後來才想起來，我根本忘了介紹自己是誰，也忘了問參與者的名字，我只是很單純地、很享受地帶領他們放鬆身體。這樣的工作似乎才是對正我的心的，今天我們又接觸到吳乙峰，他對理想所懷抱的熱情不僅讓我大受衝擊，也讓我看到了希望。之前我對於轉換跑道是很擔心的，經濟就是很大的考量，至少目前我還背負著債務……如果說要轉型去做芳香按摩或帶領身體工作，似乎又需要一段時間的累積才能開始有收入。我如果辭掉目前的工作，想找到一個待遇足夠支付債務和生活，又能讓我有比較多空間的工作，好像又很難。

章成：不管問題大或小，還是要從第一步開始不是嗎？把喜歡的事變成工作目標，第一步就是去做喜歡的事，如果沒有第一步，後面都不可能，不是嗎？其實你已經可以開始這樣做了，比方說一個月辦一次或兩次的身體工作，就像我辦「心靈的下午茶」一樣，這跟有沒有辦法馬上轉型是兩回事的。

M：對。現在是我自己在講，你如果這麼做，你這樣流動起來，對你的內在會有一些「啟動」、一些「開始」發生。我覺得你已經度過之前最低潮的時期了，你的內心已經在甦醒，你會有一種清新出現。

章成：是的。如果這時候能夠開始帶領別人放鬆，我相信對你會更有幫助，因為那是一個好的循環。你跟別人有好的互動，對自己就是一種回饋。

M：嗯，這種流動和回饋會讓你更容易面對現有的難題。因為你不會執著在原先的角度，會有一些新的心境和看法出來。

章成：就像我辦「心靈的下午茶」並不是為了要發展什麼，純粹就是興趣，我很自然就會想把時間花在這裡。快樂的事情不用等，不是嗎？

我們有花壹曉居這個場地，你就可以去用啊！我覺得這種「發心」是很重要的，我們跟別人的關係常常是「去要些什麼」，常常覺得自己是匱乏的，不太會去分享。我們如果跟別人在一起，只是要別人的「友誼」、別人的「關懷」，無形之中我們就把自己變得很貧窮了。如果我們願意暫時放下這種貧窮的感覺——就像今天我們去看了一部紀錄片，覺得很感動，會願意幫他宣傳、幫他推廣，在那一刻我們就不是貧窮的，我們是可以幫別人的。就是用這樣的感覺、這樣的「發心」，去讓我們的生活有更多這樣的部分。

M：真的，雖然我們好像是在幫他宣傳，但也覺得是在為自己做的，因為我們感動了。

章成：會有許多跟你有緣的人，需要在你帶領的身體工作中得到放鬆、得到休息、得到復甦。你對他們來說是很重要的。

上禮拜天的心靈下午茶，友人敦宏來了，他患有長期的背痛，做復健的效果也很有限。這次來，他卻說最近有一天突然發現，近來背痛似乎比以前好了很多，可是已經好久沒到醫院做復健了呢！這是怎麼回事呢？後來他再三回想自己這段期間是否做了什麼改變，發現只有這麼一件事：有一天他看到別人在洗手的時候，發現別人除了進行搓洗的手掌之外，手臂、肩膀都是放鬆的，不像自己從手臂到肩膀都是緊繃、使力的。他於是開始觀察不同人洗手的姿勢，發現有的人不像自己總是遷就著水龍頭洗，還會把雙手拿到胸前，慢慢地搓著肥皂，撫摸著雙手享受著。相對之下，自己每次洗手都不知道在趕什麼，總是猛搓快洗。於是他開始提醒自己，在洗手的時候要放鬆下來。

連帶的，他發現自己做其他動作的時候，不需要用力的肌肉群也在用力。他觀察自己的行住坐臥，竟有一番大發現：真的，自己的肌肉隨時都在緊繃，已經變成習慣了！於是他開始試著調整自己的習慣，比方坐下來的時候，他就會注意到現在的姿勢，有哪些肌肉是不必要緊繃的，他就把它放鬆。沒想到久醫不癒、一直找不到原因的背痛就這樣減輕了。

你看這個轉折有多重要！一個點通了，連帶的影響居然這麼大！所以就算純粹地放鬆身體，對很多人來講也很重要。我講這個例子是想表達：別小看你所能貢獻的。這與吳乙峰去拍紀錄片是一樣的！

我們每個人有不同的天性，你對身體特別敏銳，你就可以去幫助、貢獻！也許將來它變成了你的工作、你事業的發展，可是不管它有沒有成為事業，你已經從中得到精神上的回饋了！我們會更快樂、別人也會更快樂，我們為這個世界減輕一些重量。

節三、讓本質開花

就在這個時候，信息開始出現了。

信息：生活在轉化當中是一個過程，這個過程是沒有「顏色」的……

M：這個「顏色」的意思包括很廣。

信息：常常會伴隨過去很多記憶，但這些記憶都不是真實的。清楚地瞭解你本質的所需，這所需將會成為滋潤你成長的甘露。認真做一件事情對你有很大的幫助，當你認真地做一件事的時候，你才能體驗到周圍的認真，以及樸實中的美麗。

M：祂說的「你」是泛指每個人。這是一個「小學生」的信息喔！祂像是一個很純、很清亮的高音。

阿玲：在帶放鬆活動的時候我是很快樂的……

信息：當花開的時候，它就是一朵花。不管風雨如何，或有沒有得到滋潤，當花開的時候，你相信全部的養分都是集中在這朵花上的。

阿玲：我不懂你要表達的。

M：我知道意思，我先來解釋一下吧！花在綻放的時候，不論你做任何的事情——即使你把它剪下來——它還是會開，這個動作還是會完成。當你由本質在綻放能量時，你是不用擔心的，因為它就會綻放。

阿玲：我的確是在擔心。

章成：你擔心會做不好嗎？

阿玲：我不擔心做不好，因為我在帶領放鬆活動時，是真的在分享我的生命喜悅。以前我會覺得我是在「帶領」，現在我很清楚我是在分享，透過分享我也在療癒自己。我知道做這方面的事對我的心來講是踏實的，然而在職場上，在那個工作環境中，我的心是虛的，是不踏實的。這個對比非常明顯，因此我的心就會愈來愈朝向這邊，可是我擔心自己愈不能認同現在的工作的話，我就愈做不下去了，可是我又不能放掉這個經濟來源。

信息：你就是風中的花，在上下搖擺、振動的同時。其實，如果你認知自己是那朵綻放的花，就可以了！

M：如果你知道內在有一個綻放，有一個你要去做的事情，你就去做，其他的就不要管了。雖然環境事實是存在的，但你的清楚也事實是存在的。

M：這跟之前講的「本質」是有關連的，我自己的感覺是：其實裡面的深意就是在講回歸「空無的本質」。當你「空掉」的時候，你已不會對那些事情產生恐懼，甚至會覺得原來恐懼的事情就像輕風吹過，也是一種滋潤，它們輕掃而過之後，也沒有留下痕跡。

章成：講到這裡我聯想到奧修曾經說過的話，他說常常有人會擔心無法超越自己人性中那些恐懼的部分。但是奧修說，你不用超越它，也不用戰勝它；你只需要去灌溉你要灌溉的，而你沒有灌溉的就會枯萎。（阿玲有所感悟地輕輕點頭。）

M：祂說對。

信息：即便你沒有灌溉那朵花（比喻本質），如果花已經成形，它還是會綻放出來……沒有風，也少了一些輕盈的感覺。

M：祂把那些恐懼、擔心的事形容成風。有了這些風，有了這些搖曳，會讓你多了一些不同的美、多了一些不同的體驗。（注）

節四、我們可以變成一座花園

阿玲的表情變得柔美，她發現我盯著她看，好像希望她講點什麼，她有點尷尬地笑了。

阿玲：我剛剛正在想祂說的「花在風中」的感覺……然後又想到我的那些擔心……

章成：對我而言，我知道我也只能把出現在心中的恐懼放掉，因為我知道我也不可能做其他的選擇，我的路就是讓我的本質開花。

信息：你記得你開的是什麼花，那麼當你在綻放的時候，你就是你的本質。

M　：就是說，比如說你是一朵玫瑰，你就出現玫瑰的特質，那麼你就不用擔心，你綻放時就會是玫瑰。比如說你想做按摩那一類的工作，這就像一朵花要綻放一樣，你出來的味道就會是你這朵花的味道。

阿玲：你這麼講讓我有觸動。

章成：怎樣的觸動？

阿玲：當我在帶領——我比較想說是「分享」身體放鬆給別人時，我會感覺到我的天性、我會感受到自己有什麼樣的特質，並且會有一種滿足。

M　：所以你是玫瑰花，你去分享玫瑰的特質，遇到你的人會感受到玫瑰花的香甜、以及玫瑰花的意象，他們就會得到那個意象中的放鬆。其實這是一個遊戲，但是經過這樣的分享，就會有心靈上的一種交流，這個是更深遠的部分。

章成：現在我來問比較表象一點的問題。那麼，信息對於我們三人的合作有沒有什

注：「你就是風中的花，在上下搖擺、振動的同時；其實，如果你認知自己是那朵綻放的花，就可以了！」這樣的比喻實在太棒了，我們總是計算著外在的貧富貴賤、世人的重視或輕視，無法體驗「一往情深地綻放本質、活出自己」那種超越衡量的深刻和美好。當我們的心性從時間次元回歸當下次元時，才能真的從綻放本質中得到滋潤，原先的恐懼就果真如輕風拂面了。然而，如果沒能親嚐存在綻放本質的甘甜，頭腦的恐懼怎麼看也怎麼合理啊！

麼建議呢？

信息：在一座花園中，你會看到的不只是一朵玫瑰花、一個花叢或是一棵大樹，而是整個花園組合起來的「景致」。

章成：所以要有一個「整體花園」的感覺。

M　：對，這是一個重點。這個花園不是一個「設定」……這個比喻所要講的意象是很大的。當人們進到花園時，就像蝴蝶、蜜蜂般，會有一個流動，他們在裡面穿梭……（M沈默地感覺了一下信息。）

信息：證照並不重要，你是什麼花朵，就只要去綻放就好，你不需要品種證明。當然如果有也無可厚非，但你要把握住你的特質。

M　：祂這段話是針對我講的，因為我想去考「皮拉提斯」的證照。我想我蠻清楚自己的特質的，也很喜歡藉由看到別人放鬆，自己也得到放鬆，就像睡覺時我都會拍撫著你（章成），其實是我會得到放鬆。

信息：當你做某些事會感到放鬆、會感到輕鬆時，你就可以跟隨那個方向，那麼就離你的本質不遠了！

章成：信息對於我們在收費上有沒有什麼想法和建議呢？

信息：當你在自然綻放時，就像蜜蜂會幫花朵傳播花粉，這彼此的吸引就會有自然的回饋。

M：你問的東西實在太小了。我的直覺是，只要你的出發點是愛，你也會感覺到合理的收費是在哪裡。如果你的分享出於本質，你的收費也會在本質的範圍以內。而且對方也會因為付出這樣的費用才會覺得「取之有道」，他得到成長，也覺得自己平衡地付出了一些東西。

章成：上次信息還談到了有關我們三人心靈工作上的特質。

M：阿玲適合經由身體的接觸進入心靈的深處，所以阿玲所用的功法不是套裝好的，而是經過自己的揣摩，自己會覺得需要的。我的話，我也有偏向身體的這個部分，但比較是從美感跟感性的地方出發，我會把它散發出來讓人們去感受。直指心靈就是章成的部分。未來還會有一些專業的東西進來。

章成：這是什麼意思？

M：就是陸陸續續的，在這花園裡會有各種花粉、種子在這裡播種。

章成：喔，就是其他的心靈工作者會來到。

M：信息說，只要按著我們的本質去開花，花的大小、顏色什麼的，都不用去設定。就只管開花！

章成：所以其實也沒什麼好問的，我們知道自己天性喜歡做什麼，去做就對啦！

信息：當你貼近本質而行的時候，你在心靈上就會是滿足的、對自己滿意的、喜歡自己的狀態。當你是盈滿的時候，你會融入更多的元素，開出更多的花來。

章成：是的，會有更多從那個本質出來的創造性，更多的融會貫通、更多的發展、更多的芬芳。

信息：是，是這樣的。

M：你問到有關課程的架構，其實今天的信息來源並不是前幾天我靜坐時的那一個。那麼就今天信息來源的意思，祂認為這個課程架構是不必去擔心的。我們這個花園是很協調的，地利、人和都已經具備，天時也已經在運作了，就是去做。我們會在裡面得到很多滋潤，即便初期外面的人還來得不是很多，我們已經能夠互相欣賞了。

節五、只管開花，乘風益美

阿玲：那麼對於轉換跑道，我該往哪個方向？

信息：剛剛已經講了，你的本質就像花綻放，你現在的工作就像風在吹，就看你怎麼搭這個風，怎麼趁著風勢。其實風是從一個脈動來的，你只要搭上這個脈動就好了。你先只管把自己放鬆、綻放你的本質、享受周遭，風來的時候，你只要順著它飄就行了。

M　：這裡面有個意思是，工作會來找你。

章成：這有點像我在警廣的感覺。警廣是一個任務性電台，它當然不能讓我完全發揮我想做的，所以我跟警廣的關係是若即若離的，我不完全靠它，但它也提供我一部分的收入。我搭著警廣的風，把我的專長和特質貢獻給電台，卻也繼續開著自己的花。我搭著警廣去做一些我真正想做的事，就是帶給聽眾一些心靈上的滋養，而因為廣播適合我的天性，我也從中得到一些愉悅、滿足。但警廣並不是我可以「棲息」在裡面的地方，我並不是要找一家公司、一個企業就存身進去，我還是在走自己的路。所以未來或許會有一些工作機會找上你，它或許不完全是你的跑道，但是你可以搭著它去發揮自己的本質。

阿玲：喔，我懂了。

信息：你不用擔心這些風會把本質的花吹折了。你只要讓本質開花，無論風怎麼吹，這其中是有一個定律的。即使在現在的工作，你也不用擔心人家在你後面說什麼，你只要讓本質開花，那些都不會是問題。該轉換跑道，機會來的時候，你的心是會感覺到的。

M：就好像這艘船如果破洞了，另一艘船會靠過來。

章成：我對這信息是有共鳴的。我的人生經驗是，我只是專注在我想發揮的東西上，我很少去擔心周遭人事的變化，我很少去關心那些「消息面」，也很少汲汲營營去跟隨潮流，但一個工作和一個工作之間，總是銜接得上，它們都讓我繼續地「做我自己的事」。

M：現在是我自己在講。阿玲你的頭腦會想很多，然而如果你專注於綻放本質，反而不會自找麻煩。你在擔心恐懼中去盤算、到處張望，你反而感受不到你本質的層面，本質就會被蓋過去。

章成：然後你就會「搭錯車」。只要去發揮你的本質，事情的演變會有一種協調性出來。當你在發揮本質的時候，你會有一種磁場氛圍，讓你能在一個機會來的時候，辨認出那是不是你的下一步。這樣我們就不會用一顆恐懼緊張的心，去跟人家趴趴走。

信息：如果你讓自己的本質綻放，即便你還在現在的公司，即便別人跑來跟你吵，

你還是走在你的步調上，你還是很溫和地在那裡。你甚至會看到對方的恐懼，自然地流露出你要跟他講的話，對方的氣勢自然而然地就會被你轉化了。你的磁場會去改變那個對應的狀況，會有很奇妙的事情發生。

章成：我對此也略有體驗，我們不用去擔心周遭發生了什麼事情，只要專注在「我要做什麼樣的人」，自然會有軌道跑出來讓你走。

M：這樣的討論也讓我得到一種清楚。信息並不只是針對阿玲，也有針對於我的部分。剛入室內設計這行的時候，其實也有很多案子是我讓它們流失掉的，因為我也會想太多、擔心太多，不敢接，就沒有馬上跨出腳步。

章成：我現在可以瞭解信息一開始的比喻了。環境就好像風，你綻放出來的本質會在風中移動，但它一直都在。

M：如果你順著風，甚至還會呈現出一種柔軟的搖曳……會更美！

信息：花在靜止中是一種美，然而在動中也有另一種意象上的美，是跟整個環境融洽的。

章成：所以萬一警廣因為頻道繳回要裁員，我被裁掉了，那我就是在風中搖曳——喔！我好美！

阿玲：哈哈哈！

章成：可是我這個人到哪邊去就是「我這個人」嘛！我不會去搭一個不屬於我的便車。就像吳乙峰導演也是一樣，你說拍紀錄片會餓死，他也沒餓死，大部分人沒理他，數十年來他還是拍出一部又一部的紀錄片，這回他還準備要上院線，要做得更大呢！他也沒有因為搭來搭去他的本質就不見了，他沒有說因為恐懼就不做他自己了。

M：對。如果他不做自己的話，我們今天就看不到這麼用心、好看的片子了。

章成：那你看，在他的工作歷程中，已經有多少人事的變遷、時代環境的變遷，所謂景氣的低或者高，可是他還在！

節六、本質為根，花朵為用，光合循環，八風不動

阿玲：那天的信息講到我念中醫的部分，那麼我是可以繼續的嗎？

M：那天信息的意思是：當你開始跟人們做身體接觸時，你開始得到滋潤的時候，中醫的底子就會湧動出來了。這就是另一朵花要開了，中醫是你因為有興趣而想栽進去的領域，不是為了考中醫而學習的。

阿玲：喔！我懂了！

信息：每次花開花謝，就是意想的生生滅滅，但你一直都在，只不過有時在這邊開花、有時在那邊開花。

M：這個意象我知道，但涵義還不是很瞭解。好像是，你並不是「一枝花」，而是花的本質，因為因緣條件，你可能在這邊開花，或在那邊開花，或是開了好多花，這些花會生生滅滅……它在形容的是，當你本質的能量出來的時候，它就會隨因緣條件有很多的創造，縱使看不到花，它還是在那裡醞

醞釀著。喔！我明白了！這些不同的花就好像我們因為綻放本質而形成好幾種能力。當你注意力放在某個地方，這邊的花就開（某種能力出現）；當你把注意力放在另一邊，那邊的花就開（另一種能力出現）。

章成：我明白！像我以前有一陣子，突然覺得好像我可以透過手勢來幫助別人處理一些能量的問題，不必透過語言諮商的方式，然後有一段短短的時間，我就用這樣的方式來幫助一些人……。

M：對，這就是那時候那朵花在開，然後現在那朵花謝了、沒有了……

章成：因為我把注意力又放在別的地方了。

M：所以你就開別的花，比方說你現在辦「心靈的下午茶」，你透過不同的方式在綻放本質。

章成：沒錯，雖然那個部分沒有再發展下去，但這些東西都會幫助你融會貫通……

信息：它不是沒有被發展下去，它還是活著，它仍然在發展，只是它現在是你的綠葉，是你的陪襯。這個曾經出來的能力並沒有消失，當有需要的時候，當有一隻蝴蝶需要的時候，你那朵花自然就又開了！

信息說到這裡，我和阿玲異口同聲地「啊」了一個長音！意思是：「是呀！」因為就在不久前跟阿玲吃早餐閒話家常時，我突然很清楚地感受到阿玲的內在被「吊」在一個很不舒服的地方。她的內在有一塊「瘀血」需要化掉，雖然她的表面意識正在閒話家常，但某種心靈上的疼痛卻也無時無刻地揪住她。突然，我就感覺到那個兩、三年沒用的東西又回來了，我告訴阿玲我想用手幫她做能量的整理，阿玲也是我當初第一次這麼做的時候的「實驗品」呢！所以她馬上知道我在講什麼，也答應了我。

這件事使得我和阿玲都能很具體地意會M現在所傳遞的信息！

M：本質就像你的根……啊！解碼出來了！

信息：就像植物行光合作用，由本質長出的枝葉看起來像是貢獻給天空、蝴蝶、蜜蜂……但枝葉所行的光合作用又會把養分回饋給根，根於是也愈加茁壯，植物也愈來愈大株——這比喻指的是心靈上的。因此風再怎麼大，你的心仍然是很安適的，就算風大到花開不了，你的根也一直都在，因緣條件適合時，花又開了！

阿玲：我覺得今天的信息來源好像是很愛花的……

章成：花仙子，呵呵！因為我們叫做「花壹曉居」嘛！

M：今天的信息氛圍比較像是一種「分享」。其實祂一開始講花跟風的比喻的時候，我完全不知道「風」是什麼意思呢！我只是把自己放空讓信息出來，愈到後面我就愈清楚了！

章成：幾乎每次跟信息接觸的經驗都是這樣，一開始祂就會給出完整但很大，或者說很濃縮的東西。但由於我們會順著自己問的問題去聽答案，所以常常一開始會一頭霧水。如果我們像欣賞藝術表演一樣去聽信息，問完問題就鬆掉心情，用「領略」的；領略那個大的氛圍的話，會比較容易契入。

M：所以通靈也是個藝術喔！

章成：聽通靈也是門藝術！因為我等於在欣賞、感受一個不同於我原先軌道的氛圍。

第柒課

有終極的解脫嗎？

很多人想上天堂，卻在已經上天堂以後，還是想上天堂。

二〇〇四年八月十五日晚上十一點三十分，我和M坐在床上準備要上課了。我拿著錄音機等待著，因為M正拿著牙線棒在他嘴裡「施工」，嘴型不是很優雅。我想，至少等剔完牙，再來進行這有點「宇宙性」的事情吧！可是M卻說：「就可以開始了呀！」「等你剔完牙再開始比較好吧！」我含蓄地說，不過這時候信息卻透過來了。信息的語調總是比較平淡的、沈澱的，像是把一份事先擬好的聲明稿唸出來那樣。

信息：形象是外在的，跟內在的運行是沒有關係的，在意這些只是人類的想法，也是一種假相。通靈不需要經過一種儀式，雖然很多人以為必須如此。你說你要去欣賞一朵花，難道花就會停在那邊讓你去欣賞嗎？沒有，它仍然繼續在改變，難道綠葉必須變不見嗎？不用，你只需注意你要欣賞的。你看花，就不用看葉子，但是這些都同時存在，也正在改變著。

章成：後面這個比喻是什麼意思？

M：祂是說，你認為一邊剔牙一邊通靈似乎不大好，但這根本沒有關係，就像你欣賞花朵的同時，綠葉也同時存在，兩者並不相妨礙。

章成：喔！瞭解了。

節一、黑洞的能量是什麼？

今天首先想提出來討論的，是所謂「黑洞般的引力」這個主題。雖然信息說過，宇宙間的事件不過是千百億個磁場無盡的碰撞、變化所呈現的效果，但在這之間，信息也好幾次提到一種「黑洞般的引力」，且似乎是一種重要的課題，我希望對此有更多的明瞭。比方說，在人類的生活裡頭，這「黑洞般的引力」以什麼樣的方式展現出來？

信息：黑洞指的就是很大的能量轉換。事實上你已經講出答案了，黑洞就是「物換星移」的「結束」和「開始」，它既是結束也是開始。如果你要追究「黑洞」終究是什麼「東西」，那沒有意義，因為它是空。就像電池也是一種能量的轉換。黑洞不只一個，它也是無限多的。

章成：它們的性質都一樣嗎？

信息：不一樣啊！你現在這樣的探求方向，就代表你對物換星移還不夠瞭解，你的體會不夠深。

M：（停了一下，確定信息內容）嗯，祂是這麼說沒錯。

信息：你要探究的應該是「本質」，而不是所謂的「黑洞」本身。如果你把它當作一個對象去研究，那就是「外求」。你本身就是一個黑洞的能量，你如果往內求，你可以看到所謂的「黑洞」，也就是「意識之流」。

章成：所以該從哪裡談起呢？

信息：（沈默半晌）從你本質的心開始。當你接近本質的時候，你會有更多的問題。

我無語了，沈默了許久。

信息：當你在問這些問題的同時，你的心是處於何種狀態？你如何清楚現在是什麼狀態？就本質來說。

章成：就本質來說？

信息：就本質來說。

章成：可是我不曉得什麼是本質的問題耶？

信息：接近本質的問題是一種很大的、很貼近於心為出發點的問題。

章成：我現在好像並沒有這樣的出發點的問題。

信息：那你現在拿著這些東西（指這些問題和討論）幹什麼？

章成：也許我能從我煩惱的事來提問題。

信息：那你煩惱什麼？……當你瞭解本質的時候，你就不會有煩惱了。你不需要「多心」。

M：祂說「多心」的意思是，你想再多知道一些其他的，也許是好奇，也許是想要擁有更多認知。

章成：祂覺得這些都不是重點？

M：對。因為只要貼近本質，這些就都OK了！……這樣說是說得很大的、很徹底的。

信息：但是，如果你的目的是要整理出來給別人看，問一些看起來「比較實際」的問題，沒錯，一般人是會比較容易接受的。其實，有關於本質，該說的以前都說完了。

章成：好，那麼我就問一些為別人而問的問題。

信息：嗯。

節二、「覺得」就只是「覺得」

章成：第一個問題。很多人覺得外在的環境是很巨大的，自己是很渺小的，即便想貼近自己的心去選擇目前讓他們感到喜悅、想做的事情，卻會有恐懼。他們會覺得在這樣的大環境或生活中，自己是沒有能力或時間去做那些事情。你對此有何看法？

信息：那就是他們所選擇的軌道而有的氛圍。你剛剛不是說他們「覺得」嗎？所以那就只是「覺得」啊！也有人不這麼「覺得」，命運不就不同了嗎？

章成：但是他們「覺得」自己是被迫的。

信息：那是他們自己的選擇。本質會告訴你。

章成：什麼叫「本質會告訴你」？

信息：就是他們的內心。他們的內心知道那是他們自己「想要」的選擇，而不是被迫的。他們講的理由只是用來搪塞自己罷了！我們都會對頭腦說謊。

M　：這信息是很堅定清楚的。

章成：他們為何無法呼應自己的心呢？不就是因為恐懼嗎？恐懼是個「理由」或「藉口」而已嗎？

信息：為什麼一定要說是「恐懼」呢？恐懼對你來說是一種什麼樣的用詞？

章成：「恐懼」指的是一種覺得自己是渺小的、是不能如何如何的認知。

信息：接下來這些話是針對你本人的。你為什麼一定要從這個切入點去做觀察呢？有些壓力不一定是恐懼造成的，而是貪心造成的。你為什麼一定要從「不安全感」為出發點來假設？（注1）當然有部分是這樣沒錯，但是你可以有更多觀察體會的角度，比如：就連「喜悅」也會變成一種癮頭！對某些人而言，喜悅就跟「性」一樣。他們追求喜悅，不是因為恐懼。

章成：我是說一個人想去做某件事，但是他又會去在意別人，或是認為環境好像不允許，這種氛圍是很多人都會有的。

信息：你所謂的「很多人」是多少數量？還是因為你只從這個觀點去看人？

M：我可以感受到祂的意思。很多模式會出現並不是因為恐懼，還有很多別的驅動力，就像大自然的花花草草，有的有向光性、有的有親水性……**很多人想上天堂，卻在已經上天堂以後，還是想上天堂。**

節三、佛陀解脫了嗎？

章成：第二個問題是，各種宗教都有它們的「解脫觀」，也就是人終極的滅苦之道。祢認為，真有所謂的「終極解脫」嗎？我這麼說的時候，是就人類所設想的「解脫」兩字而言。

信息：那麼，就你所設想的「解脫」兩字，你認為當我在跟你通訊的時候，解脫嗎？

章成：唔……

信息：無關解脫，就只是一個意識能量，充滿在這虛空中。

章成：以前祢曾說人能了悟到細胞的層次，從大自我瓦解到小自我，最後整個燃燒掉，到另一個次元，這就是所謂的解脫嗎？還是說，這只是宇宙循環的一

注1：我的確將所有人生問題都歸根於恐懼。

部分而已。

信息：如果單聽「物換星移」這四個字，你覺得會有所謂的「解脫」嗎？

章成：沒有啊！沒辦法這麼說啊！就是物換星移。

信息：是的。當你放空的時候，你就不會有這些想法出來，所以這些想法都只是用各種文化系統架構出來的貪念。就像你覺得自己是一塊海綿的話，你本來吸滿水，覺得很重，然後你把水擠掉，就覺得很輕。你說這是「解脫」，但是水擠掉了，空氣就進來了，你還是吸滿了空氣呀！

章成：以物換星移來講，真的談不上所謂的解脫，因為根本沒有作為「解脫者」的主體。可是以祢的層次，相對於我的層次，祢就解脫了很多的東西。

信息：這就是因為我比你更放鬆、更放空啊！本質是很大的，如果你放空回到本質，本質不是你所知的那一個渺小的你，包括四周的空氣，這些都是可以融合的，我也可以是你的力量。

章成：我想可以這麼說，當一個人是開放、放空的時候，這放空沒有止境。放空不會定義自己，也不是「一個自己」，更不要說去界定「終極」是什麼。

信息：當我們思考「解脫」時，我們是怎樣想的？我們把它想成一個「樣子」嗎？還是一個「變化」、一個「行動」？比方你可以把解脫定義成你把水排出去、把空氣吸進來，然後你感覺變輕了。可是終究，空氣還是進來了！

章成：呵呵！我覺得這個比喻很有趣！那麼，你認為佛陀「解脫」了嗎？

信息：（笑）祂現在在這邊被你糾纏，你覺得祂解脫了嗎？

章成：祢知道，根據佛陀的教誨以及修行的過程，人們設想有一天他會「沒有任何的執著」。

信息：當你把水排出去，空氣進來了，你覺得輕鬆不少，就把它叫「解脫」。但是你還可以把空氣排出去，讓更小的粒子進來，於是你又覺得變輕了，這又是「解脫」。那乾脆把海綿整個拿掉，是不是更大的解脫？那麼，當你不再意識到自己是海綿的時候，你就不再會吸附任何東西了。這個應該就是你想要的解脫，然而這也不過是意識之流轉變成其他的東西了，也許它變成石頭了。

章成：難道沒有那種完全的蒸發嗎？

信息：沒有，就是意識之流而已。蒸發就是一種爆發、一種能量。這個能量可以聚集、一直吸收進來，但也沒有吸收，因為它的吸收也不代表它的存在，就是一個流動的意識。

章成：就是徹底、完全地沒有對自己設限？

信息：太極圖騰有意思的，它就是一個流動。

章成：那現在不就是這樣嗎？即便我們覺得自己有執著，不也是一直在變化嗎？我們也不可能留住這個執著。

信息：是啊。所以當人們在問這些問題時，只不過是有一些「想要」而已。當你在想這些問題的時候，有一些細胞正在死掉啊！有一些細胞又再生啊！不管你想要什麼，它還是在生生死死、還是在變換啊！

章成：所以有人說生命本身就是解脫的。

信息：他當時如果認為是如此，那就是如此。

節四、「解脫」不是一個境界，而是一個行動

M：祂現在要從另一個角度來談解脫了。

信息：當你想要什麼東西的時候，你能夠馬上找到那個路徑，接觸到你不需要它的時候的那個感覺，那就是解脫。

M：當你有需要一個東西的念頭的時候……我有點不知道怎麼說……比方當你想要一個衣櫥的時候，可是你又立刻可以想到當你沒有它，你還是可以很自在的時候，如果可以習慣這個模式，這就是「解脫」。「解脫」不一定要講得很大，在每一件小事上都可以這樣，這就是解脫。如果談論宗教性的「解脫」，把它當作一個意象去追尋，那就只是人的貪求而已，因為事情只不過是轉變一個形式而已。解脫還不如說是在起心動念間的一個鬆綁。

章成：對。但是不能去想像「誰」「解脫了」，或是一個「解脫的狀態」，之前的

比喻就是在講這個。

信息：不要把「解脫」變成「名詞」。

章成：是的！這樣說很好，很容易瞭解！不能去設想「誰」「擁有」「解脫」。

信息：當你擁有「設想」的時候，就已經把自己侷限在一個框框裡了。

章成：所以如果把「解脫」當作一個目標、當作一個境界去追求，基本上，就是不瞭解「解脫」。

信息：嗯。真正瞭解的話，你根本不會去問「終極解脫」這種問題了，因為解脫對你而言是個行動。當你在要一個東西的時候，你知道不要你也可以如何，當你決定要的時候，有不要也可以的輕鬆感，這就是解脫。

章成：我覺得祢說得非常好。那麼我們文化中說的「佛」是什麼意思？

信息：佛就是「覺」，就是「了悟」和「清楚」。這個字的出現是要幫助你「覺知」和「清楚」。佛代表的是「讓你覺知和清楚的軌道」。你掌握了佛的內涵，你就可以把它「物換星移」，就是你自己可以去變換——意識層面的化學變化。

M：祂突然把它擴展到很大的概念。意思就是，你可以變換出很多的面貌、形式，你不會執著只有一種形式的答案。

章成：祢覺得，要怎麼樣去分享這麼精微的討論內容？

信息：你的問題是想讓「更多人」能清楚「解脫」的內涵和途徑。如果看到這些文章的人願意靜下來，把這些聽到心裡面，運用到生活上，慢慢地，一定會愈來愈清楚，所謂的「佛性」便會慢慢打開。

章成：這些資料對我而言是很受用，但是對有些人而言可能距離遠了些。

信息：你不用擔心這個，世界上不是只有我們在做這些事。相當多、相當大的能量也在做這種喚醒人心的事，意識之流也一直在推動著。相較於你們看到電視上所謂「惡質」的社會現象，其實是多數的！不要用頭腦去面對和審視外境，要用你本質的心。

M：這個「頭腦」所指的，就包括了你一開始提到的「恐懼」了，但是並不完全是恐懼，還有「貪心」以及「性的上癮」。這裡「性」所代表的範圍是廣義的，凡是被一種意象所吸引，都叫做「性」。

章成：祢對於我在上這樣的課當中，有沒有什麼建議？

信息：就是放鬆，不要太快。

M　：「不要太快」是我自己加的啦！我覺得祂所說的「放鬆」是這個意思。

信息：你放鬆地來進行這些課，順其自然，信息一直會來。你也不必急著跟別人分享這些，因為慢慢地，想求知的人也會來。已經看到這些文字的人，他們的心也慢慢在來，這個就是黑洞的能量。

節五、三世流通不盡，十方廣大無邊

章成：前面講到有無數的黑洞，這是什麼意思？

信息：用電腦網路為比喻，不同的黑洞就像不同的電腦，有無數的電腦，可是當你們連上網路，所形成的龐大資源，無限制的流通，那個比喻為本質。用

「黑洞」來形容的原因是，你進去的同時也是別人的出來。就像電腦連上網路以後，你可以獲得別的電腦的資源，別的電腦也可以獲得你電腦中的資源，所以別的電腦也等於進到你的電腦，這就像黑洞能量的轉換。「黑洞」是一個形容詞，形容這個轉換，它不是一個名詞。

M：就像有一億人上了雅典奧運的網站，上頭的內容也同時到了一億個不同的人那裡去，這就是黑洞的能量。雖然你只進入雅典奧運的網站，但你這台電腦的內容，如果其他人要獲得的話，仍然是可以的，所以你的資源也同時為億萬人所分享。「黑洞的能量」是用來形容這種狀況。

章成：喔！所以「黑洞的能量」不是指一個「東西」，是在形容一種「正在發生的狀況」。

M：對，是一種雙向的、多向的、N次方的（意味無窮加乘的）流通。所以「你」的本質是無窮盡的大——如果不自我設限的話。

章成：所以所有的存在都是我的本質了——因為我都可以觸及，甚至也不能說是

「觸及」，因為不能分「你」或是「我」了。

信息：當你放下、鬆脫，回歸到本質的時候，你的心就是連結的、廣大的，一切你想要的其實你都已經擁有了，這算不算你所說的「解脫」呢？（注2）

注2：在上完這堂關於能量轉換和流通的「黑洞現象」的課程時，我只是在概念上有所瞭解。然而三個月後，我在書寫我替M按摩的經驗時，竟意外地發現那就像個「黑洞經驗」。因此，雖然下一篇並非高靈課程的紀錄，我還是將它收在書內，作為讀者研究黑洞現象的參考。此外，下一篇所提到與紫色能量邂逅的歷程，也挺有趣的。

第捌課

紫色能量的邂逅

人的盡頭，就是神的開始。

二〇〇四年十一月十四日。兩個星期前，我因為閱讀《靈魂之旅》（注1），跟隨書中的一個觀想練習，而出現了紫色的能量。一開始這股能量是以人的形貌出現在我內在的右側，我問她名字，立刻得到「以馬內利」四個字（注2）。我說名字太長，那就叫你「以馬」吧！以馬剛出現時，我有一種想哭的感覺，翻譯出來就是：「以馬，我好想你！」她像是一位優美沈穩的女巫，是族裡的長者，而我是一個被她以智慧疼愛著的孩子，也許因為後來她死了，我一直在想念著她。

我是在即將要出門上節目以前做這個觀想練習，所以我只做了十五分鐘就騎車前往電台了。一路上，雖然我以肉眼看見的物質世界沒有什麼不同，不過心眼（也就是內在的感覺）卻是一片紫色，每個東西都染上了紫色。這很奇妙，我未曾有過這般的經驗。

當天晚上我很想靜坐，便效法《靈魂之旅》作者的方式。這麼做並沒有別的原因，只是覺得這樣做「很對味」。我點燃四個白蠟燭，放在靜坐位置前後左右的四個方塊玻璃杯中。蠟燭透過方杯從四個杯角放射出優雅金黃的光束，在寧靜的黑夜裡靜定地照耀著，美得令人立刻進入凝神靜心的狀態。我輕聲呼喚以馬，立刻又感覺到紫色的能量瀰漫，然而不再有「人物」的意象，是純粹的感受。我讓自己進入這個感受更深些，浸泡在裡面，然後，紫色的意象也不見了。我有時閉上眼，有時睜開，印象中，意象曾經變成了白色，然後沒有顏色。我感受到非常平安的感覺，在這平安的感覺中，沒有任何問題也不需要任何答案。

白天做觀想練習，當以馬以人物的意象出現時，我本來想她或許是書中所寫的「指導靈」，要不就是前世我所孺慕的智慧長者。我原本想去跟她對話，問她問題，也就是比較像一般接觸高靈的方式那樣，把自己當作一個有需求、有掛慮的人類那樣，去與所謂另一個「高靈」互動。但我發現，當我把注意力對準她時，我就問不出問題來了，因為那是一種完全平安的能量。平安不會回答問題，

注1：《靈魂之旅》由人本自然文化事業有限公司出版，我所做的觀想練習在第六十一頁。

注2：「以馬內利」是希伯來文「神與你同在」的意思。

因為連問題都沒有了！

所以在最初的時候「以馬」只以人的意象出現了一下，後來當我呼喚以馬時，我感受到的是平安的能量，但是內在視覺上還是有紫色的意象。除此之外，我開始對生活周遭紫色的東西有特別的注目了，因為它們都能夠引發我內心那股平安的能量。

星期五去聖家堂參加梁弘志的殯葬彌撒，我發現聖家堂的彌撒居然用了大量的紫色，最重要的祭壇是以紫色的紗幔籠罩，主教祭司們的衣服都是白紫相間，衣服上的流蘇墜子也是紫色，身後的光線透過彩繪玻璃照在我身上，將我的影子投射在彌撒手冊上，也是紫色的，這一切使我又再度浸泡在強烈而平安的感受中。我心裡揣想，天主教在儀式中選用這些紫色，絕不只是巧合，以自己的體驗，我傾向於相信紫色跟聖靈的能量有關。

然而，我也體會到不需要去執著在顏色上，因為晚上靜坐的時候，當我更完全融入那個平安的能量，連顏色的意象也沒有了。這時候我雖然有想要看到紫色的念頭，想把紫色的意象抓回來，但我就會明顯感覺到那是一種執著和緊張，以為必須要那個顏色在才對。其實，紫色只是伴隨著平安的能量出現的視覺意象而已，在意顏色變成反客為主了。不過，目前紫色對我的確很有吸引力，如果我有多出來的房間，一定會把它設計成專門用來靜修的房間，並且以紫色為主要的色調。這股布置紫色環境的驅動力，讓我也明白為什麼人們會創造出一些宗教圖騰或環境，若在以前我會覺得那樣太「做作」了！

自從那天之後，我的內心就出現了喜歡在睡前靜坐片刻的驅動力，而我也就這樣做了。我喜歡這種自然發展，不是想透過靜坐去修練什麼，而是因為喜歡沈浸在這樣的寧靜和平安中，就像你有什麼樣的品味，就聽什麼樣的音樂。

上星期五，M突然告訴我晚上來「上課」吧！我們已經有兩個多月沒有透過M與高靈接觸了。M說星期四那天，我對他說要找個時間討論一下以馬的體驗時，高靈就給他信息說要來上一堂課。於是星期五晚上，我們上了一堂課，這是第一次我們沒有發問，由高靈主動開講的一課。信息跟我們談的內容仍然圍繞在

「契入本質」的主題上。信息說，即便每個人按照那本書的描述做觀想，所接觸到的東西也會不一樣，而我所MATCH到的是接近本質的體驗，從有形的執著到放掉這樣的執著，也才會有今天的這堂課。這堂課特別長，我們進行了兩個半小時，其中有好一部分的內容我並不明瞭，但以往的經驗是，不懂的部分總是會在事後重聽、整理，並且隨著實際生活發生的事而愈來愈有體會，因此已經錄音的我也就不擔心了。

M的筋絡在康復一段時間之後，最近又開始不舒服了。我們猜測是天氣轉變的關係，不過無論如何解釋，不舒服還是不舒服。今天（星期六）清晨四點，可能是意識到身邊的M無法入眠，我醒了來，果然，他正醒在那兒愁悶著。由於最近接連到整脊師傅那裡調整了幾次，花了不少錢卻只有非常短暫的抒解，M又陷入了被疾病糾纏的挫折感中。我決定起來陪伴他，但一時我也陷入了不知如何是好的憂慮中。面對伴侶因病痛而沮喪，自己也束手無策的狀況，使我能夠略微體驗到重症患者家人的感受。過了一會兒，我想起高靈在課堂上給我的建議。祂說，當我碰到問題，覺得必須要用力去想的狀態時，就把這種用力放掉，就好像甚至忘掉了問題一樣。我想在此時，我的確也沒有別的選擇了。

我告訴M說給我一點時間，然後我開始靜下來試著呼喚以馬，當我不經易地看到案頭擺放的迷你紫水晶洞時，那種平安的感覺又回來了。我帶著這樣的感覺坐回M身邊，牽起他的手，帶著他一起做了一個祈禱。我說：「宇宙間慈悲的力量！宇宙間慈悲的力量！宇宙間慈悲的力量！」當我這樣說時，我立刻感覺到一種光明的高能量充斥身心。我說：「人的盡頭，就是神的開始。」這是我從父親那兒聽到的《聖經》句子，而現在我也想要這麼說。「請求宇宙中慈悲的力量，幫助我們治癒病痛！」

做完禱告，我自然地將手放在M身上，然後開始撫摸他的身體。我覺知到，在我內在的視野中，我的手掌和所觸摸到的地方是有顏色的。一開始是紫色的光，然後有好一段時間變成綠色的光，有的時候又是橘色以及黃色的光。此外，我發現當我觸摸到M右半邊的背部，也就是他病痛的部分，我會看到尿黃色，並且胃會有噁心的感覺。如果手移到了左邊，就不會有這種感覺。我覺得很有趣，來來回回測試了一陣子，想知道這是我自己的投射，還是M真的把很多情緒都藏在右半邊的背部。總之，我不斷撫摸讓我感到噁心的部分，並且張大嘴呼吸著，讓胃部的噁心能夠發散掉。

按摩進行了足足兩小時，整個過程中我的內心完全沒有擔心，就像一個開放的——怎麼形容呢？——黑洞！（啊！我現在對課堂中講的黑洞有所瞭解了！我明白為什麼會用這個天文名詞來形容了！的確就是這種感覺，在你內在的感受中，你是空無，但空無並不是一個東西或空間，而是流通不盡卻又沒有存在，用黑洞來形容真是很貼切！）能量在那兒交流，有點像人家形容的，你是一個管道，但在內在的感覺中，其實並沒有這根管子。

或許看到這裡，你會期待接下來會出現神奇的結局，不過結果並沒有那麼「神奇」。不知不覺地，兩個小時過去，我逐漸有了睡意。

我也覺得按摩到了該收尾的時候，於是便停止了，然後呼喚M。M說他覺得舒服些了，但胸口仍然有悶感。我並沒有看到那種「天啊！奇蹟出現了！」的效果，不過M說，他真的感受到我的手帶著像電一般的熱能，被觸摸到的肌膚會感到溫熱與微麻。關於這點我還不能下什麼判斷，也不想立刻去附會什麼。這樣的經驗我是頭一遭，以後再慢慢地觀察和研究吧！

不過M和我終於可以再上床去睡個好覺了！

第玖課

時間等於能量

把萬事萬物都視為「形容詞」，而非名詞，可以擴展更大的覺知。

從「有終極的解脫嗎？」那次上課到今天，已經過了一年又十一天！我們在這一年當中偶爾還是會進行課程，不過由於內容都是比較針對我個人，所以我沒有整理出來。這些課程偏重於對我從事心靈課程教學上的指導和討論，並不是那麼適合跟大眾分享。

這一年間雖然沒有整理新的資料，但在從事心靈工作的志願上，倒是完成了不少事情。我規劃出了「轉化人生的藝術」課程，再依照課程大綱撰寫了一本九萬多字的書，這大概就是目前為止花費我最多時間的事了！（寫此文章的同時，也正在洽詢出版的可能。）此外，我也花了兩個月的時間架構了心靈網站。網站成立後，行之有年的「心靈的下午茶」活動終於漸漸熱絡起來，「轉化人生的藝術」課程也在豐原開了班，我每個星期天都從台北南下去上課。

一點一滴地，我逐漸讓自己的志趣形成自己的生活圈，也逐漸將內在的體會化成有形的計畫，開始向這個世界發聲。雖然現在才八月底，但回首這八個月，感覺已是可喜的一年。

今天這一堂課是高靈主動來預約的。星期三的時候，M告訴我星期五晚上「有課」。在此之前，我們已經好幾個月沒有上課了。我有點好奇究竟高靈要帶來什麼信息。結果，果然又是一堂讓我法喜充滿的課。

你會發現這次的通靈有個跟以前有點不一樣的地方，就是M和信息有一點「混在一起」。信息有時候會以意象而非語言的方式來到，M便將之轉譯成語言說出來，這時候信息就會有M平日說話的語氣，而信息「自己說」的時候，語氣是平淡、慎重、有些遙遠的，比較不那麼邏輯，有跳躍的現象。

二〇〇五年八月二十六日，晚上十點四十五分，M躺在床上，我拿著MP3，他稍微闔了一下眼，信息就「接通」了。M睜開眼說：「ㄟ！今天來的是素如那邊的高靈。」

「喔？」我有點驚奇。素如是我以前的同事，幾年前發生了通靈現象，她不敢讓很多人知道，我是少數跟她接觸的高靈有過多次談話的人，但我和素如已經許久沒有聯絡。

節一、蟬聲唧唧，季節已至

信息：好久不見，你們好嗎？

章成：很好。不過，現在正在學習在開展心靈工作時，小心地把握住自己的心。

信息：（語調緩慢、沈靜地）承先啟後……還記得「蟬」的聲音嗎？

章成：你說在京都的蟬聲嗎？記得啊！（注1）

信息：蟬的聲音在訴說著、在追尋著、也正在被追尋……可是蟬的聲音是醞釀了很久——在地底下。當我們聽到蟬的聲音，便直覺到夏天來了。這是個季節、是個氛圍。但不同的人聽到蟬聲，心情是不一樣的。很多人聽見蟬的聲音，感覺到夏日寧靜的氛圍、感覺到喜悅，但還有很多人完全聽不到牠的聲音，就像個不被發覺的背景——即便它一直存在於四周。這「蟬」亦「禪」，也像是你現在的狀況、現在的位置。你瞭解嗎？

章成：我不太瞭解這個比喻。

M：現在是我在說的。信息是說，你現在已經在一個「承先啟後」的位置了，比方說你開始把書出版等等。這樣的事你已經醞釀了很久，就像蟬在地底醞釀了很久。當夏天——也就是時機到了的時候，你開始鳴叫了。然而，必須是有心的人，才會去聆聽和欣賞。當一個人感受到季節的氛圍已經改變，他才會接觸到你。否則，即使你一直在他周圍，有的人也全然不知。

M：我剛剛在心裡面問祂，所以章成應該繼續他的廣播工作對嗎？（注2）祂說是。你就像一隻蟬，很多人只把你當作背景的聲音。然而，當有一天，有的人需要寧靜，他走到森林，呼吸芬多精，感受到森林的氛圍的時候，他就會意識到你的存在。現在都是我在講的。你的影響力是很生活的、很自然的，但是他會去尋找你在哪一棵樹上。當你發出聲音，他會去聆聽、

注1：我和M七月時在京都享受了十四天假期。京都夏日嘹亮的蟬鳴，成了這次旅行鮮明記憶的一部分。

注2：因為我曾跟M說想結束廣播工作。

會去欣賞、他會放下。你發出的聲音會讓他更能感受到這個季節、這個時機。

信息：你的醞釀並不只是你的力量，你是在被保護的環境下成長的。但這一切不需要感謝。

M：你就像在母體的胎盤裡成長，你是受到照顧的。然而，你在裡面時你並不知道，你出來的時候也沒有這些記憶。現在信息把它說出來了，你也不需要感謝，只要把你的能力發揮出來就可以了。

信息：所謂不所謂……

M：我還不知道什麼意思，我只是把它說出來而已……

信息：這些都是在自然的定數中成長的。毋需把它看成是「學習」、「成長」，這個事件的意境傳頌著世人的氛圍。

M：所謂「世人的氛圍」指的是一種集體的演變所造成的結果。

信息：是一個大母體的「語言」——一個大環境的氛圍所造就的。你自然而然就會往這個方向走。也就是說，自然會有一些人走到某些位置，來平衡整個環境。

章成：「母體」是指大本質嗎？

信息：是的。

節二、大階段即將來臨

信息：未來，會有能量的大爆炸。

M：這裡面有一個很沈重的訊息，像是什麼東西到了頂點的時候，會物極必反。不過，不是戰爭。

信息：在不久的將來會有一波新的革命，人類將步入突破性的階段。

章成：所以現在已經在醞釀了？

M：對，這個不久指的大約是二、三十年後，會有一個大階段的改變。而我收到的信息給我的感覺，這不是好事也不是壞事，只是一個自然的演化。這就是我們現在正在醞釀的，你是陸陸續續脫離母體的人之一……好，我知道了，就像是「蟬」會愈來愈多，大家會慢慢開始意識到這些蟬的聲音。

章成：它是一個內在的革命嗎？

M：是有回歸自然這樣的內涵在裡面。

章成：在這樣的能量爆炸中，除了回歸自然外，還可以為我們多做一些描述嗎？我們人類會有什麼樣的改變？

信息：生活形態。

M：會有一個瓦解，目前這種資本主義的形態會瓦解。新的架構會更接近自然。

章成：這樣不是比較好嗎？

M：祂說並不是好或壞，這只是一個能量的轉換。但是信息中有這樣的描述：壽命會延長。

章成：會發現新能源嗎？因為我們現在的能源造成許多汙染。

信息：有，但也是因為汙染才有這新的發現。汙染是必須的。

M：信息並不覺得現在這樣叫「不好」，只是告訴我們會有一個轉換的形式。無論什麼形式，對自然都沒有所謂的「好不好」，但對部分的人類而言，這樣的轉換是「很慘的」，有些人則覺得是「不錯的」。

章成：會有大規模的戰爭嗎？

信息：不會。

M：但是會比這個更可怕。

章成：比戰爭更可怕？還有什麼比戰爭更可怕？

M：這裡面有一點意味「天災」。

章成：喔！我明白了，因為戰爭你還可以去談和、你甚至有可能會贏。可是如果是可怕的疾病或天災，而人類完全沒有抵抗能力的話……為什麼祢今天要來告訴我們這些？

信息：因為現在就是意識覺醒的時候，時機到了。蟬都出來的時候，夏天就到了！

節三、「母體」與「界」

章成：對我有什麼建議嗎？

信息：就像蟬在樹上找一個可以吸取養分、受到保護的地方，然後就做牠的工作。

章成：我現在還沒有在我的樹上嗎？

信息：你現在已經在樹上。

章成：你可以更精確說出這個能量爆炸點的時間嗎？

M ：二、三十年已經算很明確了——以宇宙的尺度而言。

章成：M一開始說你是來自素如通靈的高靈團體。那麼，M之前所通靈的高靈團體和祢們這個團體的工作，都是以地球為導向嗎？

信息：不能說是「地球」，應該說是一個「界」，一個「空間」。

章成：這個界除了人類之外還包括什麼？

信息：（並未回答，繼續給我建議）樹是會成長的，所以你不用擔心它的養分，它會提供你所需的一切。你只需要找到適當的視野，去吸引你的「吸引」。

M　：就是說一個你會去吸引別人、你也會被吸引的地方。那就是適當的地方。

信息：從母體出來的，都有同樣的氛圍、氣味。在各式各樣的說法裡面，你是可以去感覺那個氛圍對不對的。別人提出來你會去研究，你提出來的別人也會去研究。

章成：我們就來談談「母體」好了。先從字面來看，為什麼用「母」這個字？

信息：孕育生化的「本」能。

M　：生、化的本能。這個「化」指的是「開始—結束」。

章成：就是轉換的意思嗎？

M　：對。

章成：本能是指其本性囉！那麼相對於母體，我們是它的什麼？

信息：你就是母體啊！

章成：就像大海中的波浪嗎？

信息：可以這麼說。總之，和你之前探究的「大本質」是一樣的。一即一切，一切即一……

M：但這裡面有個明確的……就是，修行或說靈性成長，在這裡面是屬於「提升」的。上來的就上來了，而沒有上來的將繼續留在這個界當中。

章成：上來的就跑到別的「界」嗎？

M：不是……這個「界」我不太能詮釋，它不是一個「階」。

章成：你可以用比喻嗎？

信息：就是「你可以知道他們」。就像，我們可以知道你們，但你們卻不知道我們存在。「上來」也像你現在可以接觸得到更大的存在，但並不一定有肉體實質上的質變。

章成：可以說是我們的視野變大了，我們覺察的範圍更大了。

信息：對。就是佛教講的「覺」。當你「上來」，意味你更覺醒了。未來人類會有一個比較大的覺醒。

節四、新能源在下一代將被運用

M：現在有各種不同形式的信息和修行團體紛紛出現，這就是上來的趨勢。

信息：因為現在的能量方式……透過現在的平台……

M：祂指的是電腦的演化……

信息：會有更密切的交流，而形成一個能量上來……這種方式對未來的生活、行為是有影響的，包括了新科技的產生。並且，新科技的產生跟現在的汙染有關，也是因為現在的汙染，這個新科技才會出來。因此，這汙染也變成是必須的一部分，並沒有所謂的「好」與「不好」。

章成：現在台灣有關黑心食品的事件層出不窮，很多人昧著良心在賺錢，這種情況似乎愈來愈多，這種汙染似乎愈來愈嚴重了。

信息：但你們也愈來愈清楚了啊！即便以前有汙染你們也不清楚啊！正因為清楚而有所演變。這些「壞的示範」也促進了這一波的演變，到時候，大家都會看得很清楚。

章成：呵呵！到時候，希望大家就不會去選那些「黑心」立委了！

M：其實有一些已經發展出來的科技，是因為集體的覺醒才拿出來推廣使用，最後造成一個很大的質變。因為當它受到推廣使用的時候，有人把它組合成一個更強大的、對未來產生巨大影響的東西出來。

章成：是奈米科技嗎？

M：這不算是任何科技類的名詞。信息指的不是奈米科技，而且它是很生活化的東西。奈米科技也會被結合在裡面，演化出一個新時代的生活。這樣的成果，起先是由觀念而改變，造成了良性的循環，電腦科技也因此而有突飛猛進的變化。

其實現在已經有新能源了，只不過被藏在某個地方，而把它藏在某處的人們仍然在努力維持，等待時局改變。當大眾覺醒的時候，他們也將浮現出來，再經過一個世代的成長；也就是再下一代的人，因為科技上的融合，新能量會在那個時間點出來，所以就是要再二、三十年的時間。現在這個新能源已經有了，但是要到下一代的人才能夠很生活地去應用。

章成：這樣的內容是可以公開的嗎？

信息：因為可以公開所以才要在這裡講，因為時機成熟了，這個程序啟動了，開始要讓大家知道了。

章成：如果這個訊息公開的話，我想每個讀到的人還是最關心自己應該如何因應這個趨勢？

M：現在信息先不回應這個問題，因為還有另個東西要談。

信息：但是這個訊息公開之後，有「蛇」的力量會出來吃所謂的「蟬」。不過畢竟它的力量已經不大了，它已經無法再聚集了。

章成：不過我覺得現在這資料就算公開，好像也引發不起什麼吧？

信息：但是它所引發的作用會愈來愈大。

M：我來解釋一下我所接收到的意象。當這類的聲音愈來愈多時，大部分的人就開始意識到了。

信息：你不用擔心其他，只要扮演好「蟬」的角色。

章成：我好像一直是這樣的人。

信息：這也就是你「做你自己」，而這個「自己」也就是母體本身，也就是自然的演化。

節五、大階段的核心概念：時間等於能量

信息：母體的能量是「必須的」。

M：「必須」是指「時間」。時間是指一種「演化」、一種「流動」。

章成：這種演化和流動就是它的本性，而沒有什麼目的，是嗎？

M：就是「必須」、就是「時間」、「推移」，你沒有辦法停住它，這就是「必須」之意。就是一個爆炸，能量釋放了出來，祂把這形容為一種「必須」。

信息：「必須」等於「時間」等於「能量」。

M：這是一個很重要的概念！這會影響很大。一般，「時間」和「能量」好像不會被聯想在一起，但它們是「等於」的。

章成：那麼佛教所講的「涅槃」是什麼意思？

信息：「涅槃」就是「等於」。

章成：「涅槃」就是那個「等號」。

信息：對。「涅槃」不是名詞。你不要聯想更多枝節，只要停留在「時間」等於「能量」去體會，而涅槃就是那個「等於」。

M：如果這句話要「解碼」，十幾個博士論文也解不完。

章成：我很讚嘆這樣的說法。

M：「時間等於能量」，把它解釋得愈仔細反而會愈不清楚，你不要去注意複雜的東西，只是很簡單地注意這句話，反而會很容易清楚。

信息：這會是影響未來的重要基礎。

章成：嗯……

信息：如果是想在這上面琢磨，就不用說了。你可以去想別的問題。（注3）

章成：你是說我不要去想嗎？

信息：對，不要去想。

章成：那我要怎麼去「琢磨」呢？

信息：你自己會知道。

章成：我只是內心有個感覺……

信息：你現在在說的就是「時間等於能量」。你的動作、行為，就是「時間等於能量」。

章成：是啊！時間就是「動」，「動」就是能量嘛！

信息：沒有這麼簡單，這個時間能量是可以停止的。

M：祂現在又再釋放一點點暗示給你了，祂說人是可以把時間停止的……這就是那能量的跳動。

章成：這個暗示是要給一些人的，對嗎？

信息：對。給一些用得著的人。

章成：但為何不能講得更多？

信息：因為講得愈多就愈模糊，你只要停在這邊就愈清楚。

M：你要先停在這邊去感受，因為這才是最「完整」的……

章成：好。

信息：因為你是可以感受到那種「感覺」的，而那種「感覺」就是所謂的開悟。如果你能感覺到，你就是能抓住時間的剎那。這是一種很奇妙的經驗。

章成：你可以形容在生活當中哪一種片刻、哪一種氛圍發生的時候，可以從那個點去注意、去醞釀嗎？

注3：其實，當信息說出「時間等於能量」時，我心中是有一種「共鳴」的，因此很奇異地，雖然說不出所以然，但我竟能夠接受這句話。然而，我還是很想用文字語言去「解碼」。

信息：當你在餵食動物（指照顧我們的小貓花捲）的時候最明顯，你可以去感受到那個。或者你去澆花的時候，花草給你回饋時。當然，餵食動物是比較明顯的，因為動物動得比較快，牠們的回饋是明顯的。

章成：這時我要怎麼樣？

信息：不是用你的頭腦去「怎樣」，那意識氛圍已在醞釀了，只要有契入進去你就能意識到那道閃電。

M：當你餵食的時候，你能感受到「時間等於能量」……現在有一個意象出現，我要解釋它。你這隻蟬是在一個比較安全的地方，就像在樹的高處，這些蛇吃不到你，所以你只要當一隻蟬去做你的事情就好了。蛇會影響到一些意識還沒有成熟的人，基本上只要成為「成蟬」的人，都不會受到影響。

章成：所以我只要繼續下去就行了。

信息：但必須要是有意識、有知覺地。也就是說，你還是必須去吸收樹的養分，自己要獲得滋養。

章成：嗯，我知道這個意思。我們可以有固定的課嗎？

信息：端看你心而定。所謂「固定的課」，這又是落入名相而有的想法。其實生活中，你每天都在上課。

M：在你這個階段，祂們是藉由出題來讓你「申論」、來讓你的內心自己發酵的。所以，你平常已經在上課了。時機到了祂就會來跟你講，什麼時間不一定，因為，這裡面是沒有時間的！也就是，對於再「上來」來講，是沒有什麼「時間定在什麼時候」的。在你心的轉念之間，祂就進來了。祂會按照你的時間來定，而這就是「時間等於能量」的一個停滯。祂的時間是停著在等你的。

章成：嗯。很奧妙。

M：這部分將來就可以讓你教授很久了，因為你自己會去做完那些「博士論文」。你可能會去想很多，可是你要記得回到很簡單的這幾個部分，你自己就會去發酵，等你對外分享時，別的蟬也會對你分享一些。

章成：我覺得很奧妙是，當我問祢「我們可以有固定的課嗎？」在我的時間裡是「一個禮拜一次」或「多久一次」。可是當祢告訴我，實際上當我一轉念，課就會進來了，祢的時間其實是停下來等我的……我不曉得怎麼說耶……那種感覺……對祢那邊來說根本沒有這種時間，或說可以有也可以不需要……我以為我是過了一個禮拜才有這個課，可是對你來說並不是這樣的。（注4）

信息：我們剛剛在講這些的時候是沒有時間的。

章成：我不知道為什麼，但當你說沒有時間，我就知道，對，我們雖然在講話，但是是沒有時間的。

信息：如果我們不探究時鐘上的時間，也就是不去注意地球和太陽之間位置的關係，那麼你的時間位置在哪裡？根本就沒有時間不是嗎？你能瞭解嗎？

章成：是啊！很奇怪，我就是可以瞭解。而且就是現在在講話，這個就沒有時間。

信息：對。在時鐘上的時間，你跟大家是一樣，可是事實上你已經超脫了。

章成：對，沒錯。

信息：所以為何可以停住時間，就是在講這個部分。

章成：啊！講到這裡，我感覺有一個很大的能量好像要爆炸。

注4：聽寫至此，我突然有了更進一步的「觸及」，在此跟讀者分享：「時間既然等於能量，那麼能量改變，時間就改變。」時間其實是能量狀況所展現出來的幻象，用個比喻來說：就像夢境中的桌子、椅子，並不是每一次夢境中的桌子、椅子都一樣堅固，不是嗎？有些夢，桌子很硬；有些夢，桌子會飛；有些夢，你甚至可以穿過它。所以，夢裡的桌子其實是這個夢的能量狀況所幻現的一種「效果」。

時間就是心理的、意識的、能量的桌椅。這便說明了為何非線性的跳躍是可能的（請參考第參課之「線性與非線性」），因為就實相而言，時間並非客觀的律法。

然而以上的文字說明，只是我所觸發到的「領悟」的粗略分享。我腦中有許多快速的連結和閃電式的其他觸發，使得我無法以語言處理這麼多訊息。現在，我以一種濃縮的方式將這些訊息擱置，我知道，它們將漸漸地發酵，並且對於意識本質有更恢宏的清楚和覺醒。

我現在的感覺是，我不知道此生能否將此濃縮的觸發完全活出來，不過，對時間觀念的改變（不是頭腦知識的，而是從一種很深的執著和相信的「信念」中鬆脫），是我人生中又一個重要的轉捩點。

信息：這是你一種喜悅的能量。你如果停在剛剛那個感覺，你就是沒有時間。

章成：對，如果我們去看手錶才會有時間。也就是說，如果把自己想成一個「形象」、一個「生命」，才會有時間。

信息：如果以中國字來講，「時間」是一種「對照詞」——這是足堪玩味的。

章成：嗯！沒錯，我瞭解。

信息：你只要就剛剛那個感覺一直進去、一直進去……這就是一種喜悅。你為什麼會有這種喜悅呢？因為你跳上來了。這就是所謂的開悟。

章成：這個說法真的好善巧！

M：祂說未來的人會意識到「時間等於能量」，這跟未來新能源的發明是有很大關係的。

節六、另一種方式談「涅槃」

M：別擔心現實的變化，只要繼續做你在做的事，對未來將是很重要的接軌、轉軌的力量。以世俗的部分來講，長江後浪推前浪，當你完成這時期的起承轉合，後浪也將取而代之。然而，只要記得你是在這個「沒有時間」裡面，也就無妨。你像一顆打火石，打火石只是「砰」一下，卻能夠引發大火。這顆打火石也許被大火燒掉了，但是那個記憶是停在那裡的……不知道這樣講對不對？就是有個影像「砰」地就永恆在那個位置……

章成：以前有位高靈說，我的本質像一個「片刻」。

信息：「片刻」就是有一個停止，也就是你的特質是比較容易停住時間的，所以今天這樣講你比較容易接受。

章成：這就像是「回光返照」。我們一直在注意動的東西，好比在動的車子，可是你突然發現，你不是那個車子。

信息：以車子為喻，開車時，你覺得整個世界都在動，但當你收回目光，回到車子裡，突然感覺你和車子都是沒動的，這就是「停止」。對於外界而言，每部車都在動，然而在那個動裡面，你跟車子是沒有動的。

M：有一個重點來了……

信息：你跟車子的位置，就是那個「等於」。車子介於你跟外界，那個「等於」就是涅槃。如果清楚這個又會是個「開悟」。

章成：車子是比喻什麼？

M：這個很複雜……這可能要慢慢發酵……或是等一下我自己有意識到的話……你開車，好像你在動，而就你的本質而言，是外面的風景在動，車子也在動，可是車子跟你在一起，它並沒有動，這個形容就是「涅槃」。這裡面有一種……你在控制，車子也讓你控制，它也是一個工具，帶你去你想去的地方，這個就是涅槃。這是另一種角度的說法，跟剛剛說的「等於」是不同的角度。

信息：你在開車時，汽車是你在駕馭，但是是汽油在讓它動，汽油又是集體意識構築出來的東西，包括汽車也是，所以這是一個意識聯動的東西，涅槃的感覺也像是這樣，也是經由很多人讓你去瞭解的。都在動的時候，是它陪著你沒有動，可是你可以駕著它動。

M：還有一個很重要的重點，這一切的說法，你都要視為「形容詞」。而這也是一個法門。把萬事萬物都視為「形容詞」（而非名詞）的話，這就是一個法門，可以用來瞭解很多事情。

節七、結束是一種讚美

信息：未來的日子，就是按照你平和的心靈，以那平和的心靈中所開啟的，就是你自己的位置。片刻的同時也是個存在的位子。慢慢地你可以調整你「片刻的方式」，所謂「片刻的方式」就像「彈性」，你可以調緊、調鬆，你開始要去意識那個活用的、那個片刻的感覺。

M：「彈性」、「空間」、「保留多一點」……喔，就是說，你可以在開悟裡面待得更久一點，這種彈性是你自己可以去拉開、去調整的……

信息：「結束是一種讚美」，把結束看待成是一種讚美，這也是一種修行的法門。

M：我剛剛在心裡想是不是要結束了，所以信息就講到這個。

章成：對什麼的讚美？

M：就是對結束本身。你不用以頭腦去分析，比方說一通電話結束，你就去感受「讚美」。

章成：呵呵，我明白，這個法門很好、很奇妙！

信息：好，那就結束。

M：當祂說「法門」的時候，就代表是一個很重要的方式，對於閱讀到的人而言，如果他們願意去實踐的話，對他們會有能量結構的改變。

章成：嗯！沒錯！這是很「藝術家」的轉化方式。好，哈勒路亞！讚美主！結束！

現在時間是凌晨零點十五分。

第拾課

助人的真諦

所謂「通靈」，就是當你無所求地感謝和祝福回饋自己到一個程度，你的心便會打開那個更高次元的直覺。

二〇〇五年十一月二十日凌晨四點，M從惡夢中醒來。M說：「這個夢真的好苦、好可怕。」

「夢一開始，我是個藝術工作者，在我工作的過程中，一直有人進來干擾……接著我有點記不清楚……我們因為做這些助人的工作，有人迫害我們，使得我們捲入了一些漩渦。有人因此死掉了，於是有調查開始，由於有一些人知道內情，我們開始做一些不是我們想做的事情。到最後，我們甚至要把他們一個一個殺掉。」

「這裡面真像個大苦海，醒來之後，那種苦況仍令我無法忘懷。」M用虛弱的語氣說：「做這個夢，我知道是被小雲的狀況影響的。」

小雲是一位許久不見，從國外回來的朋友，沒想到和她重逢，竟是在她躁症發作期間。我們在花壹曉居、在她的辦公室、在餐館裡陪伴她數回，因為關心，我和M很想試著做些什麼，但她劇力萬鈞的表現，秋風掃落葉似地把我們倆捲得團團轉。她的能量十分強大且狂亂，雖然我覺得自己算是在風雨中站住了腳，也拉住了小雲，但身心還是受到了震撼和衝擊。比方小雲來到花壹曉居那次，我和小雲天馬行空地「鬥法」後，自己頭痛了一整天。從頭到尾，M跟著我陪伴小雲，看他總是一派沈穩，沒想到他和我一樣，也受到心靈「後作力」的衝擊。

其實潛意識地，我也感受到自己有惹禍上身的危險，因為儘管小雲是個本質純真又敏感聰明的女子，但她的內心也埋藏著很大的憤怒與自憐，如果處理不好，我們反而會遭到吞噬。處在躁期的小雲雖然不斷主動地來找我們，但她並不是來尋求協助，而是正在運作她狂熱的劇本。我們只是她劇本中的兩個人物，但因為主動想幫忙，在某種程度自願穿上她給的戲服、走位到她能認同的位置，這樣的心境就像是如履薄冰。

我未曾清楚地意識到潛藏的危機感，但是當M說出這個夢，我卻立刻能夠同感，並且知道這與小雲的事密切相關。我發現其實我感覺：那個非常善良又委屈的小雲，另一面是個狠角色。

這一課，就在這樣的緣起中出現了，我們倆把枕頭移到後背，開始與信息作

「三方會談」。

節一、助人工作的有效方式與其本質

M：高靈說，我們現在的工作是：完成生命、享受生命、把生命的喜悅展現出來。不必以掛念的心投入別人的漩渦……不知道詮釋的對不對？就是說，只要去分享生命的體驗、生命的喜悅，許多人自然而然就會受到這份分享的照顧和滋養，不要停滯在某種牽掛中去幫助別人。

章成：我們如何分辨我們的助人工作是一種停滯，或是真正有效的分享？

信息：有心求自我成長的人來找你，你去互動，這裡面也會幫助你有更多的清楚、更大的洞見，這就是有效的分享，因為你也繼續著你成長的道路。如果一個人心靈生病了，但還沒有成長、成熟的意願，你將心力放在他們身上，將會消耗掉你自己的能量，也會捲入負向的漩渦。

M：信息提到，你的工作像達賴喇嘛那樣，在覺醒的位置流露出生命種種的智慧，對人類產生一種更廣被的、文化上的救治。有人願意去弄清楚自己的時候，你只需給他們一個方向，而不是進入那個人的劇本裡面。

章成：我體驗到，為了主動想幫忙，我必須和某人維持某種他想要的關係，結果我就在對方的劇本中團團轉，心力耗損之後，卻仍然沒有進展。這是與處於躁期或鬱期的朋友相處常會發生的經驗。

信息：所謂「劇本」，就是一個人在他的想像和想要裡編織他的生活模式。在情緒風暴中的人的確是很苦的，但這裡面也有它的因果，當你還沒有完備時，介入是會被牽動的，如果你無法淨化這些負向的能量，那麼你就無法照顧自己、繼續「純化」自己。（注1）你要學習達賴喇嘛的方式，當你自己有芬芳時，自然會影響眾生，這是你目前工作的方向。當然，「一次一個」的度人方式，也是一條道路，但是你下來（來到世界）的目的是要協助更大

注1：純化指更精純地展現出大本質的身心轉化歷程。

範圍能量上的轉化。

所謂的「劇本」指的也是「貪念」。當對方是因為個人的貪念，不是因為想進修或是分享生命喜悅而來，或是偏離了你的天命以及你現階段的時節因緣，你也幫助不了他。

M：譬如某人只是貪圖方便想依賴你，並不想面對自己真正的問題，你就不用花力氣去陪伴和照顧，只需給予他方向，直指他的問題就好了。信息說，高靈的幫助是讓每個人清楚自己是有能力幫助自己的。「醫治」其實都是來自於自己，高靈不過是給予「無私的祝福」和「方便法門」，才形成了醫治的效果。這個「方便法門」就是人們基於恐懼而需要「神明」，所以高靈就扮演神明，讓人們啟動醫治自己的能力。

信息：每個人來到世界上，本來都帶有「神性」的部分，要完成的是更大意識的成長。如果人們都能意識到自己本質的芬芳，就根本不需要這些方便法門了。已經對自身的神性有洞見的人，當他的助人行為使他無法保持清醒

時，高靈會來拉住他，目的是使他能夠時時保持清醒，使他回到純化自己的道路上。

M：其實現在信息的量是非常大的，光是這一小段所蘊含的信息能量團就可以出一本書了。這本書是針對追求神性與跟靈界接觸的人而寫，將可以解答他們許多的問題。比如說，為什麼高靈要跟他們接觸？為什麼選擇他們？他們自己又為何選擇這條路？……等等。接下來不是信息在講，是我自己在詮釋那個信息能量：

許多人偶爾有清醒的時候，這些時候他們願意探索、願意反省，那麼你的投入對他而言是有幫助的，但是大部分的時候，他們是不清醒、不自覺的，在那些時候，助人者要做的只是讓自己更清醒。讓看到你的人有所撞擊、有所感觸而來跟進，不是你在那裡一直對他用力，而他也依然在他的迷糊、貪心和懶惰中。你要學會更清楚地分辨，來的人是否有意願成長。所謂的「意願」有兩種，一種是他曾經被你點亮過，他現在來找你是因為那個點亮。另一種就是他已經準備了「油」，只需要你幫他點亮。有的人不但希望你幫他點亮，還希望你給他添油，因為他的貪念和懶惰，他只期待藉由靠近你就得到照顧和幫助，這是不成的。

章成：所謂的「油」是在比喻什麼？

信息：那無盡的能源，一種純化的、可以去揮發的芬芳。那本來是我們自己可以產生出來的，但因為貪念、依賴，並且，當人們有的時候，又不願分享，所以人們很少去燃燒自己，便感受不到源源不斷的能量。事實上，當你去分享、奉獻、點亮別人時，你那把火炬會燃燒得更大。如果你的火炬夠大，甚至不用去點燃別人，就會自動引燃周圍人的燃點了。

此外，當一個心靈老師跟人們太親近，人們常常不會去向他學習，反而把他編織進自己的人生劇本裡。比如說：因為貪圖方便，親近心靈老師的人把心靈老師的清晰當作自己的，等將來離開老師，自己遇到困境時才發現，原來彼此差距這麼大。直到人們在生活中真正自己去琢磨、自己去面對時，才會比較深刻地體認到心靈老師所展現的智慧是多麼可貴。心存「親近一位心靈老師」以便「照顧自己」心態的人，雖然可以常常聽到心靈老師的開導，但這些東西沒有真正在生活中被純化，其實並不是自己的。和心靈老師生活在一起的人，如果沒有自覺，雖然很容易得到指點，靈光乍現，然而難關一過，也很容易立刻就繼續放逸自己的行為模式。如果不是那麼近距離的陪伴，人們會比較快嚐到行為的苦果，也才會願意真正虛心地聆聽教誨，真實地反省和改變自己。

章成：真遺憾，難道人一定要夠苦之後才能好好學習？

M：太方便得到的，就會被我們當作「OK繃」。疼的時候貼一下，止痛了，又繼續自己的模式，把心靈老師當保母，是自我成長中存在的危機。

信息：假設一位心靈老師想要人們接近自然，就為人們營造一座花園，邀請他們進來，但這些人從不照顧這座花園，只是使用它、需求它，結果當他們在裡面得到休息，就更有力氣出去繼續原來的執著。而心靈老師本來的正途是要啟發人的自覺，後來卻忙於人們的需求，自己也消耗了能量，於是雙方都沒辦法從這樣的關係中在靈修上得到滋養。真正愛自然的人會去照顧自然，你會去灌溉花園，在裡面付出，才會在其中轉化自己。

「參與」是重要的。我們來到人世間就是要「參與」自己的功課。所以，有的人說：人生為什麼這麼苦，要來這裡做這些功課？回答是，如果沒有親自種一盆花，怎麼會知道一盆花的珍貴？搞不好你已經在天堂中了，但在你眼裡看起來卻到處都是垃圾，因為你根本不知道它們的珍貴。真正種過花的人，才會知道糞土就是黃金。在從事資源回收的人眼中，你認為的垃圾可能剛好是寶貴的資源，但只有當你參與那個回收再利用的過程，才會體認到。

其實地球也沒有在「惡化」，你這麼使用，它就這麼變化而已。比如臭氧層的破洞，相對於人們的想要而言，把它叫作「惡化」，但相對於某些新物種，這卻是它們的開始。

章成：為什麼會突然講這個？

M：因為信息會在低層次和較高層次的講法間跳來跳去，祂要你習慣這種跳躍。「功課」也只是人世間的講法，是低層次的方便，跳到高層次的方便，其實這些事也不是什麼功課，就只是自然的變化而已。但無論低層次的方便或高層次的方便，都只是「方便」，如果真正「到了」的話，就是那個所謂燃燒的能量。（注2）

章成：「燃燒的能量」？這個我就不知道了。

信息：你現在不知道沒關係，這不是你現在的「方便」。

M：我的意識是知道的，但無法轉譯……這就是高靈為什麼要和你接觸，因為你是一直會純化自己、深入進來的人。

信息：蒸餾純化的過程會有苦，但基本上它是一條喜悅之道，因為你主動地在轉化

注2：M說「到了」也只是「當下」而已。

自己，你受的苦相對地比許多人會少很多。有的人走的是相對來說的「痛苦之道」，他們在頭破血流之後才開始反省、回頭，這當然也能得到喜悅的收穫，就看人們如何選擇。現在我們又要跳到高層次來說了！

一切既然就只是變化，人們為何要把自己放在某個設定上？你把自己放在某個設定上，當下就變成「苦」；你不把自己放在某個設定上，當下就叫做「喜悅」。你要說「痛苦」帶來「禮物」也行，但也不一定要這樣，痛苦並沒有所謂的「高貴」又「必須」的意義……

M：我來總結一下剛剛講到助人工作的這個部分。如果你去照顧別人，愈照顧自己的能量卻愈低，你真的就只能「一個」、「一個」個別地去點燃別人了。並且，若人們無心為自己的光亮（覺醒）添油，當覺醒的光亮又因為內耗而熄滅，人再度為陰暗所苦時，他們就又回到讓你點燃的原點，再度地消耗你的能量。反之，如果你讓自己有更大的喜悅能量，你的能量很大，人們不用來到你身邊，就能同時、全部被你引燃。

信息：想要有廣被式的點燃，你必須是更大的火炬，才有辦法讓人們更接近自己的燃點。

章成：這道理其實不只適用於助人工作，更值得有家庭困境的朋友思考。許多家庭有所謂的「麻煩製造者」，也總有所謂的「拯救者」，然而一個牽累一個，我們看到的總是悲慘的命運鎖鍊。因為在這個牽掛中，自己失去了生命的喜悅，不但拯救不了對方，還被塑造成負面漩渦的一部分。

M：沒錯，而且許多「拯救者」和「麻煩製造者」一樣，其實都不敢面對真正的問題。那種「拯救」只滿足了拯救者所需求的價值感和形象，不僅沒有真正助益，拯救者反而也製造了很多負面的東西把更多人拖下來，大家苦成一團。

信息：一即一切、一切即一。如果你不做助人的工作，你也可以沈澱自己，回到「一」裡面。如果你要進入人間的反應模式去做所謂「入世」的工作，你要說是「我去幫助更多人」也對，但你隨時也能看到另一個角度：其實我只是在純化自己而已。因此，「助人」也可以說只是一個人在純化自己的過程中，世界因此而產生了良善的反應。此外，當一個人走上其喜悅之道，無形中影響了許多人，這也是所謂的「陰德」。（注3）

節二、「通靈」的真義

M：今天的信息是因為我內心的苦而來的，我有很好的福報，因為高靈在照顧我，為什麼會有這樣的福報？這是我要感謝我自己的，因為我累積了所謂的「陰德」。

章成：高靈如何詮釋華人所謂的「陰德」？

信息：做好被點燃的準備就是「陰德」。如果你們把領略到的在生活中活出來，便等於祝福了自己，也祝福了別人，那就是所謂的「陰德」。你們用「陰」來形容潛在的影響力，那麼，「陰德」其實就是一顆祝福和喜悅的心。

章成：對別人的祝福就等於是對自己的祝福。

信息：對。

M：我剛剛做的夢真的好苦、好可怕。我可以意識到那是一個夢，可是我起不來——我不是在講俗稱的「鬼壓床」，而是一部分的我是清醒的，可是另一部分卻一直在那個苦的氛圍中……我剛剛問高靈，那是不是表示我不適合做室內設計的工作，因為我承擔不起這份工作在心力、體力上的損耗？祂說，並沒有什麼特定的事是不能做的，而是生活的每個面向加起來，是否超過負荷？尤其如果你的「油」已經很單薄了，就不能再過度地損耗自己，必須要有所調整和取捨。你（指章成）在做某些個案時，其實也有能量的消耗，如果消耗太多，你就沒有辦法盈滿，不盈滿就沒有芬芳可以散

注3：就像花朵綻放，它只是專注於活出自己的美麗，但世界便因為它的綻放而活絡了蜜蜂、農作物、農夫等等一連串的生機。「助人工作」其實也是一個人在讓本質開花的旅程中，自然而然地影響了這個世界而已。而一連串的生機，又自然而然地回饋給花朵，這便像是花朵無形中積存的豐厚「陰德」了。

發出去，這時候就到了必須照顧自己的時候了。

信息：你只要學習達賴喇嘛以達觀的方式看待人生，他的生活一直都是在享受的——不是物質的享受而是指享受生命的喜悅。你不要小看只是享受生命喜悅的影響力，所謂的「一步一蓮花」就是這樣來的。你不需要去「證明」或「表現」自己，那個芬芳就散發出去了。有的人品味到這芬芳，很隨喜，這也是所謂的「陰德」，因為他們的心是純善的，而隨喜也就是一種祝福。他會跟隨你去做一些事情，久而久之，他也會接近自己的燃點。有一天，他也成為了一把火炬，便可以像你們現在的位置一樣，自己去和更高層次的存在接觸了。

章成：這裡面似乎隱含著，當你來到一個程度的時候，高靈才會來接觸。

信息：對。但是高靈一直是存在著的。那個「程度」是指一種經常充滿感謝且無所求的精神品質。當這樣的精神品質到了一個程度時，你將「看到」祂們。這「看到」不是指肉眼的形象，而是在一朵花、一杯茶，在生活中的瑣事裡，感受到非凡的意識品質。這裡面有很大的喜悅和感謝。所以，接下來要講一個很廣大、很歸納的東西：所謂的「通靈」，就是當你無所求地感謝和祝福回饋自己到一個程度，你的心便會打開那個更高次元的直覺。像你在寫作時，那也是「通靈」，更高次元的智慧透過你的書寫轉譯出去。其實，這現象便暗示著信息曾說的：我們全都是一。整個存在就像是牛奶和水混在一起的「一杯牛奶」，你說它是一杯水，也對，說它是一杯牛奶，也對。

章成：所以「通靈」並不只是指一般所謂「信息形式」的接觸。更貼近大本質的說法應是：與更接近覺醒本質的芬芳接觸。

M：對，當一個人無所求地感謝和喜悅到一定的純度時，祂們就會出現在生活中任何的地方。比方說，你呼吸空氣就是在接觸祂，祂就是空氣了！因此我們可以說：通靈的真義是打開神性的次元。就像空氣，你看不到，卻呼吸得到，如果你使用一種機制，你也能把它轉譯成語言資訊。然而，回歸更貼近本質的說法，信息告訴你，其實祂們本是這麼自然、渾然不可分地存在於我們的生活裡面。

章成：所以生活可以是一杯水，也可以是一杯牛奶。當神性的次元打開，生活處處都是牛奶，處處都是滋養；反之，則彷彿只是一杯水。（注4）

信息：以前講通靈，我們也用過「收音機對準頻道」的比喻，但若用更高層次的比喻，那並不是像收音機對準頻道，而是，就像我們眼前的家具，也是因為有神性的轉譯，才會有每個個體產生出來，它們也是有生命的……如果你把它們當作電子分子的組合，那麼電子分子又是怎麼來的？記住，我們也是同樣的成分形成的呢。「人」或「物」只不過是經過不同演繹轉化出來的不同形式，我們全部都在「一」之中。

M：喔！我可以感受得到，好多能量往我這邊丟……

章成：以前講「接觸高靈」，我們用「接收頻道」的觀念去理解。現在我們講「接觸神性」，我們用一杯牛奶「一切即一、一即一切」來比喻，這是通靈現象真正的本質。

信息：對，這是對那些已經接觸到本質的人說的，他們會瞭解。

章成：所以有人說一切都是神性的展現。

注4：生活處處是牛奶的滋味，我目前所品嘗到的，就是內心沒有了「這事比那事更有意義」的焦慮感，終於可以安住在當下的緣起中，不論走路、買早餐、等車、寫書、面對衝突，都是平等平等。你終於覺醒到，當下其實就是「天堂」了，它一直都是。是我們有一種積習甚深的焦慮感，製造出種種否定當下的理由（也就是所謂的「分別心」），使我們一直在拒絕天堂，進入無盡的追尋。當你突然看清楚追尋之無盡，就像是「回頭是岸」。這是很大的喜悅、很大的釋放。

「一杯水或一杯牛奶」的比喻非常淺顯卻又貼切。同一個生命現場，當我們愈覺醒，就愈能品嘗到當下本來圓滿的醍醐味；當我們愈昏睡，我們就愈覺得當下枯燥無味，繼而投射出對未來的渴望。然而，天堂並不在時間點的未來，也不在空間點的他處，而是當下脫離執著之幻象，便顯現出來的本來如是。

當我們悟見時，以比喻形容，就像我們早已在天堂之內，我們從來不曾離開天堂，卻在天堂裡想像著匱乏，想像著死亡，想像著愛恨情仇之必要，甚而想像著要上天堂。

信息：採用什麼解釋都成立，重點是能不能純化自己，讓自己的能量是盈滿的。

M：現在是我在講，意思就是說，如果你的方向是對的，如果真的是從純淨的能量出發，去開展你的人生——像我們說的無所求的祝福和感謝——你會感受到更多的回饋，你的生活就無時不在「通靈」了。

信息：當純化的能量愈多，最後人可以「完全意識到」的話，人可以整個燃燒掉，不再需要這個肉體，直接進入靈魂狀態，你就能夠來去自如了。

章成：就不在時空的限制裡面？

信息：是的……平常我們講的是世間法，現在講的是「宇宙法則」，但所謂「宇宙法則」也只是個方便說法而已，以後還有更大的會讓你知道。這「更大的」必須等你更純化之後，才能吸收、瞭解。當你純化到你的意識可以很瞭解這「更大的」時候，你是可以把自己的分子燃燒掉的，因為你不再需要肉體，你就在這環境當中了，你就是所謂的「高靈」。

章成：就像一杯牛奶的比喻，牛奶在水當中，無處不在？

信息：對……

節三、人生經歷苦難的意義

M：喔，我解讀出會做那個惡夢的另一個因素了，因為今天我們開車經過廟會，看到「殺豬公比賽」的展示場，堆積如山的祭品前排著成排剖開的大豬隻。雖然只是短短幾瞥，對我卻是有影響的。人們為了成就自己的儀式屠殺了眾生，而那裡面是很苦的，這儀式是一種賄賂，形成了一個苦的鎖鍊。當時我並沒有這樣意識到，然而那個苦烙印進了我的潛意識，再跟我自己最近的工作、生活狀況結合起來，於是產生了今夜的惡夢。

章成：殺豬公酬神的儀式其實也滿象徵性的，不是嗎？現今的社會大眾為了有所求、為了成就感而賄賂、而殺戮。

M：沒錯，我們不拿刀，但拿「意識」殺人，大家成天殺來殺去，這也就是為什

麼現在社會上這麼多心理疾病，因為我們的心靈都被砍得差不多了！（注5）

M：我剛剛問高靈，那我長年累月的筋絡異位之苦，又是因為我怎麼「砍」自己才造成的呢？信息說，疾病和社會現象一樣，只是反映出人使用自己的模式而已。每個人都有能力改變模式，問題是我們用了百分之幾的心力？而且是一種專注的心力。如果我們的心真的專注在醫治上面，人的自癒力是很強的。

習慣不是一天造成的，信息說我必須去意識那個習慣，如果我想更快恢復，就要放更多的心思在上面，可是一般我們都會說要工作什麼的……除非我在做每一件事時都能注意到，去保養它。

章成：那你的筋絡問題是怎麼來的？

M：祂說因為我的習慣造成身體分子的組成模式變成這樣，就像榕樹需要氣根，它覺得哪邊支撐不夠就會往那邊長出氣根。當發展超過可以承受的範圍，就會有異常的組合來支撐。我們可以透過檢查自己的工作、生活來找出異常的原因。

章成：有些疾病不是跟遺傳有關嗎？是來自先天的問題。

M：但是也可以減低其發生的可能啊！只要我們細心去檢查生活的各個環節，我們喝的水、生活的環境等，遺傳性疾病甚至也可以不發生。一般人認為要這樣抽絲剝繭很困難，但如果真有心的話，每個人都會有很高的敏感度。總之，只看你花多少百分比的心力。

章成：生了很嚴重的病的人，莫不急切地希望得到醫治，甚至願意傾家蕩產，這難道不夠積極嗎？

信息：很急切地找醫生、找偏方，跟很積極地追溯形成疾病的歷程是不同的。找醫生、偏方只是想把自己交給一個機制去修復，好像只想「塞住疾病」而已，並不是去從根源處探究。為什麼有的人在一場大病後有所謂的頓悟或

注5：我們俚俗的說法：誰把誰「幹」掉、「砍」掉了。還真不是蓋的。

看破？當他很努力去尋回健康，到後來，你看到他的生活模式完全改變，那就是真的治癒了，因為他已經變成了另一種人，這種人是不會有那種病的。有的時候，說不定你真的必須離開家人，離開至親去過比較純淨的生活，可是這是一般世間法不能接受的，然而你沒有自由度去離開這個位置過適合的生活，就只好繼續病下去，這是大部分人的苦海。

章成：是啊、是啊！唉……（注6）

章成：所以疾病跟剛剛講的臭氧層破洞其實是一樣的道理，這裡面其實沒有什麼「玄妙」或「特殊意義」在其中，不過就是你這樣用它，它就有這樣的現象、組合。當這個組合不是你所喜歡的，你可以尋找另一種演化。

信息：所以如果大家不喜歡現在威脅人甚多的疾病，大家就要去改變。如果是社會、環境的因素，就必須做結構性的改變。社會上有的人非常投入某些社會運動，你可以看到他們造成的影響力。假如每個人都能意識到的話，那麼改變的速度就可以非常驚人。

有的人可能會問，那麼，人為何要經歷這些苦難？這些過程在幹什麼？如果沒有「自我意象」（即自我感）的話，這些不過就像是一連串的化學變化，如果有「自我意象」的話，我們就回答說：你如果不經過這些變化，怎能變成新的東西？「苦難」的整個過程其實就是「死亡的過程」。所謂「轉化」、「更新」就是死亡的過程，「死亡」只是碰到了極限。

人生的一切都是大大小小的死亡，因此也可以說，死亡正是一種喜悅和超越。那麼所謂的「輪迴」是什麼？就像當你這朵花沒有種好的話，你必須回來再把它種好，直到清楚體驗到花的喜悅，你才有辦法跳躍過去。當你純化到一個程度，就會經歷一個死亡的過程，然後你又變得更純化了。到高層次的轉化階段，你就會想體驗放下軀殼的死亡，死亡對軀殼來講是個

注6：人都希望自己的選擇能得到家人的瞭解，但如果家人無法瞭解，我們該如何看待這樣的狀況？我們還要不要堅持自己的選擇？如果不想傷了親人的心，就會傷了自己的心，這種事需要我們釐清的功課是什麼？我想這些問題很值得我們去探索。

極限，但是突破之後，那是另一種……那是更自由的……等你這樣死過之後，才能了然這一切。

我們在軀殼還沒死亡之前是可以就純化到某些層次，但終究，那個很大的跳躍必須發生在之前講的那種燃燒。你會「自然燃燒」到那個境界去，那是「有意識的空」，不是無意識的，但也可以說是「無意識的廣被」，就像這宇宙是無意識的包容了一切，那是非常大的……也許你現在無法真正瞭解，沒關係。

今天上的課是比以往「在更高層次的範圍」，而「更高層次」這種形容也只是比喻。因為沒有真正的層次，就像一個人只不過鼻子更通，就吸到更多的空氣而已，而空氣本來就沒有躲在什麼層次，它本來就很自然地全在這裡。

節四、「輪迴」與「沒有輪迴」並不相違，乃不同層次的說法

章成：那麼所謂的「沒有輪迴」是如何？

信息：就是「那杯牛奶」。必須跳到更大的層次看下來，才能瞭解「沒有輪迴」。我們為什麼要繼續純化？高靈為什麼要繼續純化？就是因為要去體會這「沒有輪迴」。

人可能會把這叫作「功課」，但實際上也不是「功課」，這是很自然發生的……我（M）知道那個意思，可是沒有辦法用語言說出來……就像呼吸一樣……如果把你丟到太空，你呼吸不到空氣，才會感受到它的存在和痛苦，才能去意識到這些東西。

M：喔！……祂說這一切的想法就存在這裡面。你所謂的輪迴就在這裡面——可以用這個做比喻。

章成：在機器（指錄音的MP3）這裡面嗎？

M：你不要把它講成機器，就是在這裡面。那你何須去記它呢？它正在發生。就是說，你可以去記它，也可以不去記它，因為有東西在幫你做紀錄。你的一生也有東西在記錄。我們當下在講，當下都記錄到機器裡，這「機器」就好比「宇宙」。相對於「機器」，祂沒有需要，就沒有在紀錄中出現。你要去記錄大的東西，當然就會在這裡面出現，機器好比大的宇宙。可是如果你不需要紀錄，機器就不用出現。

如果把這部機器比喻成「高層次」的話，它可以幫你記錄，然後又可以幫助你弄清楚什麼東西。你想要的答案都記錄在這裡面了，你必須聽過一遍你就會清楚了，你自己就會有結構在變化，而它也幫你把你的變化記錄在裡面。

這一段我自己也聽不懂，我只是把它說出來。以後你再去玩味……當你治療別人，你要清楚自己的目的為何？對方的目的為何？你看對醫生就是對了，看不對醫生就是「雞同鴨講」，這就是輪迴。補充一下，剛剛說的

「燃燒」也是一種形容，不是說真的燃起一把火將身體燒掉了。「燃燒」比喻一種意識的、能量的轉換，我們的靈魂結構體正在學習這種轉換。

章成：高靈都經過物質身體的這個歷程嗎？

M：不一定，有的高靈就只是空氣的一份子，進進出出的，祂也可以成就為一個意識。

章成：高靈也有自我感嗎？

M：「高靈」包含的範圍太廣，你要找有自我感的也有、沒有自我感的也有。

章成：有自我感的高靈還跟我們一樣在輪迴裡嗎？

M：祂們跟我們比較起來是「沒有」在輪迴裡面的。如果真要說起來，其實「沒有輪迴」，一即一切、一切即一。說誰有在輪迴、誰沒在輪迴，其實還是比較低層次的說法，終究不是更高了悟的說法。「一即一切、一切即一」就是剛講的那杯牛奶，整個就是那杯牛奶。

章成：我自己會去比較祢的說法和其他書的說法，有些書的確對人很有啟發和助益，但我卻不認為它們如其所宣稱，是絕對的真理、究竟的真相，我想知道高靈對此的看法。

信息：即使你覺得便利商店不夠好，但必須承認它很方便，它也許不高級，但是是「需要的」，就是這樣而已。就更高層次而言，我們現在講的也是一個「方便法門」。社會有不同的層次，當然需要不同層次的方便，只是當這個層次的目標完成，你是個好的經營者，就會再去完成更高層次的意境。

章成：（感覺到這次的課要結束了）M，你可以描述一下你通靈時的狀況嗎？

M：就是把自己放乾淨。之前我還需要想一下這是我在講還是信息在講，但現在我不必管是誰了，很直接就講出來。

章成：現在你不分辨嗎？

M：不是不分辨。而像是更快速的電腦，看起來幾乎像是反射動作了。

章成：是因為更熟練了嗎？

M：是的，但更應該說是因為自己更「純化」了，所以更能知道這些訊息存在的含意和範圍是什麼。

現在我們要結束了，接下來就是要休息，我們現在的目的是要休息，那麼就要開始放鬆到能夠休息……闡述完高靈的信息後，我感覺到空空的，但還是無法入睡……那我們現在的目的為何？是要睡覺、休息。因此，就要專注地去感受放鬆……這也是一個很大的道理……（M聲音愈來愈小、愈來愈放鬆）就讓自己感到很大的放鬆……而這個過程就叫「休息」……當你入睡之後，你就完全不知道這個意識了……就回到那個「一」裡面去了。

跋

在一朵花、一杯茶，在生活瑣事裡，感受到非凡的意識品質，那才是見到了真正的「佛」。

世人追尋奇蹟，奇蹟卻是一種芬芳。

在那些瑣瑣碎碎看似平凡的際遇裡，在那些大體上日復一日的日子中間，奇蹟已被預備。

心，終於願意放下機心，允許一切以水到渠成的方式醞釀時，生命就芬芳起來，而這芬芳，是屬天的恩寵行在地上，如同行在天上。

已經十幾年不曾許願，因為每年生命都為我開出意料之外的花朵，若說這其中有什麼值得感謝自己的，或許就是我總是迎接這些花朵，為它們準備花床、為它們騰出時間、為它們放下恐懼、願意養活它們吧。

這些花朵，是曾經為之心弦震動的那些事，當上天讓我接觸到它們，我多半收下它、灌溉它、把它帶回家。

然後，年復一年，我漸漸知道，是那些花朵在帶我回家，是那些芬芳，柔軟了我的心，驅走了恐懼的影子，領我回到喜悅、平安、我本心本性的天家。

《與佛對話》，一個明顯到無法忽略的奇蹟，卻不是中樂透的感覺。你知道，那已是恰如其分的一種水到渠成，因為季節到了，雨水自然來臨。

我的靈魂伴侶M，他和我同心計畫搬到台東，一起想只是做自己，一起願意讓生涯在自愛中自然發展毫不強求，一起知足，一起感謝彼此……並且，居然還能帶給我來自宇宙的智慧信息……這樣的開花結果，我不知該怎麼說了。

此刻窗外下著大雨，雖然屋外正是喧忙的台北市中山北路，但由於花壹曉居的美，這雨竟像打在京都無鄰菴的簷廊上、打在台東靜謐的山裡，而我已是其中的一株青蕨。

雨從高空來，而那雨水，也許旅行自遙遠的湖泊、海洋，把同一時刻存在的清新，掃進處處留漬著煩惱斑痕的水泥都市。仰望天空，自刺向虛空的高樓群中下降的雨水，正告訴我們，遙遠與我們同在、湖泊與我們同在、杳無人煙的安詳、復甦雙肺的空氣與我們一直同在……

而這就是通靈。

是愛。

也是家的召喚。

有耳能聽的，請聽吧！

二〇〇六年三月二十日於台北花壹曉居

附錄

事半功倍的人生精彩法

前言

高靈透過M先生傳遞訊息給我，在今年（二〇一六）已經邁入第十三年，而我們在今年夏天，也出版了第十三本書了。然而，電腦檔案夾中所儲存的語音檔訊息量，仍足夠我們從現在開始，再出版十本以上的書籍！且高靈仍然每天地、繼續地給予各種幫助我們的心靈工作，以及幫助我們教學的珍貴指導。

這樣源源不絕地奇蹟，已經成為了我們的日復一日，由於訊息是如此大量且充滿智慧，我做不到全部化為文字才分享，於是長年以來，我也不間斷地透過兩週一次的「心的智慧」固定課程，與我的學生分享我與M所收到的訊息，並且在課堂上留下三分之一的時間，和同學們一起做延伸的討論。

長年上課的學生，恐怕早已經發現，這麼多年以來，我的每一堂課、每一篇FB的文章、每一本書的內容，幾乎都很少重複，可是內容又如此紮實，含金量如此高，其實是很驚人的。但這絕不是我個人能夠做到的，原因就在於這位源源不絕的慈悲力量。

那麼如果不是我的學生，單純是喜歡閱讀我FB的PO文或書的讀者，因此便不知道，其實您們錯過了非常大量的有用訊息，那是因為我實在沒有那麼多時間和能量，通通整理為文字來分享它們，所以只能透過上課，以口語傳播。因此趁著《與佛對話》改版之際，我決定將「心的智慧」課程中的最近一堂課（在付梓底限日期之前）的上課內容，整理出來與讀者們分享，讓喜歡我們著作的讀者知道，您不用痴痴地等待我們的下一本書，也不用覺得高靈好像離您很遠；事實上，每兩週一次，持續性的，我都在大量的傳遞高靈的訊息，並且在上課時與學生們提出的各種生活中遇上的問題，充分的討論，甚至高靈也會因為來上課學生的需要，而給予當日所要傳遞的主題。

這個已經持續了十一年的課程，就像是一座智慧的殿堂，歡迎您來敲門。

事半功倍的人生精彩法

講課日期：二〇一六年五月二十八日
地點：台中
感謝：
工作統籌：茉莉
錄音聽寫：瀞瑤、錦冠、淑涓、聿芳、茉莉
初稿編輯：嘉誼

不要害怕，所有事情都有出口

章成：最近天氣很熱，如果看到在外面發傳單、發廣告紙的人，會不會覺得他們好辛苦？而且悶熱的天氣，更讓人行色匆匆，要是你是那個發傳單的人，會不會一直捧著厚厚那一疊東西發不出去？最近我在批踢踢上看到有一位網友分享他發傳單的經驗，一開始也是如此，但最後卻發生了神奇的轉折。他說因為一整個下午拿的人很少，所以搞到後來自己已經士氣低落，一回神迎面來了二位小姐，他不抱希望地遞出傳單說：「參考一下……」果然又被拒絕，終於他的心情跌到谷底，突然便說出不該說的話：「那麻煩你們幫我拿去丟到垃圾桶好了。」對方聽到這話，竟笑了起來，覺得很有趣，就拿了。這個意外的結果讓他突然醒了過來，彷佛絕境中看到一道光！於是他開始在發傳單的時候笑著對來人說：「麻煩幫我丟到垃圾桶，謝謝。」果然業績180度大改變，沒多久就把傳單發光光。

在過去我們的課堂中，我常常引述高靈一句重要的話：「所有事情都有出口」，這不是在安慰你，這是宇宙無限的可能性裡面，真正存在的事實。這句話的意思是：在無限的平行宇宙版本當中，你想要的結果是一定有路可循，甚至解法不只一條的。

可以證明這句話的例子，你要多少都有，曾經有另外一個發傳單的工讀生，在日本；他也知道大家都不想拿傳單，所以他採取了另一種方式：穿著可愛公仔的衣服，卻面對著柱子，背對著路人，將傳單低低的拿在屁股的位置，做出給你機會偷拿的可笑樣子。結果，經過的路人果然十個有七個人都跑過去拿了，遠比正面發給人還有效，甚至最後上了新聞。

發傳單，如果按照一般的想法，大概會被認為是各種打工裡面，成就感最低的工作之一了；因為大家多半厭倦了無處不在的行銷行為，你的傳單裡面若沒有折價卷、沒有特別的優惠、又是來自一個默默無名的店，人家為什麼要拿呢？設身處地想就覺得，自己現在手裡拿的傳單真是一點魅力都沒有，是不是很命苦？所以確實，大部分發傳單的人好像都很無奈地在發著，但如果他願意多去思考一下，到底手上的傳單怎麼發才會有效？找出一些方法去測試，雖然不見得第一次就成功，但光是願意這樣去思考、去多做一些，我可以向你保證，這個人的命運就會開始不一樣。

真的嗎？為什麼呢？

每堂課，高靈都會請我傳遞訊息給你們，今天要傳遞的訊息，會讓大家相信，無論你覺得自己的出身有多低、工作有多卑微，只要你懂得今天告訴你的這個道理，能去實踐，你的人生一定可以步步高昇！我就把它叫做：「事半功倍的人生精彩法」。

只比別人多想一點點，人生就精彩

「花若盛開，蝴蝶自來；人若精彩，天自安排。」這句話流傳一陣子了，這段話是在鼓勵我們什麼？或在提醒我們什麼？一般的解釋是這樣的：「你不要去汲汲營營，也不用焦慮未來的前途是否開展，就像花朵只要盛開，蝴蝶就會不請自來；人如果活得精彩，上天不會去埋沒你，自然會有所安排。」但我相信，也有很多人聽到這句話，覺得美雖美，離自己卻好遠！因為會想說，我的人生很平凡，要到精彩的程度上天才會安排的話，那不曉得要等到哪一天？

高靈說，其實不是這樣的，「天自安排」或「蝴蝶自來」，需要你具備的條件，既不需到精彩，也不需要到盛開的程度。

讓我繼續用真實的故事來分享：好多年以前，我和M先生剛搬進一個社區時，就注意到櫃台中有一位保全的應對態度比較有禮貌、有精神又客氣；例如看到人會主動打招呼、問候人時會看著你，而且他的制服乾乾淨淨，頭髮總是梳得好好的，就像當兵在要求的服裝儀容整潔那樣。領包裹時有人插隊，他會主動說：「小姐，不好意思，麻煩您等一下，這位先生先來的。」當他看到別人有需求時，會主動處理，態度也很客氣。或許你覺得這些沒什麼，是對照出來的，怎麼說呢？和其他保全比起來，其他人都是灰撲撲的，衣服有穿，但就皺皺的，或大小不合適；值大夜班時也給人沒精神的感覺，舉止像在自己家一樣隨便，與人打招呼卻不抬頭看人。

一般保全其實都是如此，所以大家看久了，也覺得好像就是這樣，甚至我們還會想：「唉！人家薪水那麼有限，還要上班十二小時，這工作又沒有前途，只要基本該做的有做，就不錯了……」這算是將心比心吧！可是這不也表示，我們也是這樣看待那份工作的？所以那位保全即使只有一點點精神和禮貌上的不同，雖然實際做的事情都是一樣，相對之下卻讓所有住戶都眼睛一亮，私底下聊天時，就會提到這個人。

這位比較特殊的保全來了大約半年，有一天就不見了，都沒看到他來上班，剛開始我以為他去休假，可是過了一段時間還是沒看到他，有一天我與M遇到管委會的總幹事就關心他的狀況，總幹事說：「哈哈！唉呀！人家現在被調去豪宅當保全了。」我們一聽，第一時間的反應就是不意外，第二個反應就是「好可惜我們沒有這個人了」，可是第三個反應是「看到他有更好的發展，心裡真是祝福他的」。

在這之前，大概也就覺得他比別人服務好，不會想到有一天他會被調到豪宅當保全，「對呀！怎麼沒想到這份工作，其實也有更上一層樓的地方可以去呢？」恐怕大家都是這麼吃驚的想吧？那麼大部分去應徵保全的人，是不是也因為覺得這是最底層的工作，沒有前途，自己年紀又大了，也只能這樣了，所以才有一種灰撲撲的感覺呢？總幹事說，保全公司也想去包豪宅的CASE，錢比較多，但豪宅對保全人員的素質要求當然也會比較高，所以就要從原來的保全中去挑出好的來受訓，讓他們去服務。這就好像賣柳丁時，雖然這一堆都是二十塊一斤，但是如果仔細去挑的話，還是可以挑出比較漂亮的，可以另外賣到四十塊一斤。

其實他去豪宅當保全，做的事情跟以前也差不多，但薪水卻立刻是原先的三分之二，高靈說，這就叫做「事半功倍」。很多人都希望自己在賺錢方面，能夠事半功倍，但講到這個想到的就是要去投資，用錢滾錢，好像唯有這樣才行，可是沒錢投資的人怎麼辦？第一桶金要怎麼來？我們所不知道的是：當你願意做出「對的改變」，只要一點點，你的命運就已經開始不同了，事實上它已經開啟了另一個平行宇宙了。

所以，所謂「花若盛開，蝴蝶自來；人若精彩，天自安排。」不要想得很大很遠，好像要多麼精彩才可以吸引貴人、吸引好的際遇，其實不是的；人生往上走，都是一個階段一個階段、一步一步上去的，只要你比你的現在，多做一件「對的事」，你就已經比之前的你「多一點精彩度」了。這個所謂「對的事」，就是我在臉書粉絲頁的文章曾經闡釋的「當下的正確按鍵」，每個當下，都有無數的選擇，如果每個選擇就像是一個按鍵，那麼一定會有一個按鍵，如果你按下去，就會把事情引導到你想要發展的方向。

譬如說，你是個保全，你覺得自己命很苦、沒有未來，你說我的薪水支付我的生活之後，已經所剩無幾，可是我還是想賺更多錢，那有沒有可能？那個「當下的按鍵」存在嗎？在哪裡？上面那個真實的故事不就是在證明，即便是在這樣的際遇裡，「當下的按鍵」也是存在的嗎？

如果你有意願去思考，怎樣把保全這個工作做得更好一點點，你就會開始找到那個正確的「當下按鍵」。保全是什麼工作？它是第一線的服務業，那麼第一線的服務業，別人想要的是什麼？其實只有三點：一、形象好。二、嘴巴甜。

三、遇到紛爭能擺平，讓人皆大歡喜。如果你能針對這三個重點去思考、去做到位時，這就是「精彩」囉！有人說，這道理好簡單，誰不懂？你錯了，剛剛叫你去發傳單，你不是也唉聲嘆氣，你有動腦子嗎？

你不用去跟你羨慕的成功人士比，你要去跟正在做同樣事的人比，你是不是比人家更精彩？其實，你只要精彩一點點就夠了，就會勝出了，你下一階段的貴人就會出現。很多人想要往成功方向走，但是一個人能一步一步上去的關鍵，就是**那一點點的差異**。今天高靈這個訊息主要是告訴大家：那一點點的差異就是關鍵、就是所謂的「精彩」了！

人總是看不到「階梯」的存在，所以會覺得想要的成功好像離得很遠，其實這些階梯——也就是「層次」是存在的，可是都是要你先去做出那一點點的差異，下一個層次才會打開讓你看見。例如就在我們說話的這個當下，有多少一般大樓裡的保全，根本就不知道這世界有多少不同層次的住宅，需要不同能力的保全，他們以為「保全」就是只有這樣、只能這樣！

最近有個新聞，英國一位Paul Dalton先生，是一個洗車工人，他經手的車子完全由他一人完成，但是他洗一輛車，要價二十四萬台幣！他專門經手各種價值數百萬到數千萬的超級名車車主的洗車委託。你看看，多不得了！這個人洗一輛車，別人要洗多少輛才能賺同樣的錢啊！可是人都有剛入行的時候，那時候他跟任何洗車工人都一樣的，不是嗎？他不可能一下子跳到這個層次，是要靠中間那些層次堆疊出來的，這個就是「步步高昇」的意思。

所以我們再回到一開始講的發傳單這個工作上，你就知道，即使一個人的人生是從這裡開始，他都能夠往上步步高昇。他只要開始願意去想：如果我只有三秒鐘對過路的人講一句話，我該講什麼他們才會願意伸出手？甚至，我要穿什麼衣服去發傳單？我要用什麼打扮去發傳單？傳單才更容易發得出去？如果他這樣做了，並且總是很快能把傳單發完，他會讓交給他工作的人看到什麼呢？那個給他工作的人難道只有發傳單的工作嗎？說不定還有別的，可是他從發傳單這個工作看到你的可能性的時候，難度更高的才會交給你，而難度更高的薪水就會更多。

「精彩」，就是細緻度

那一點點的「精彩」，也就是我們常講的「細緻度」。其實各位，待遇愈高的工作對細緻度的要求愈高，如果你的人生要一步步往更豐盛的方向走，你在一樓的時候，你的細緻度就要做到二樓了，你不能只是跟一樓的人比，說人家都在那樣做……。不，你要做到二樓，那你未來就會上到二樓去；等你上到二樓時，你的細緻度要做到三樓，未來你就會上到三樓去。你要先付出！不過你不要害怕，不是說你要付出很多，不過就是那多出一點點的精彩度，只是，那一點點要做「對」，也就是要做在這件事的「關鍵點」上——就是「當下對的按鍵」上，這樣你的付出就可以事半功倍，不必苦哈哈！有的人付出很多，做得要死，但如果在不對的地方做得再多，不僅沒加分，反而是扣分，就好像一些服務業太突顯它的服務，反而讓人覺得是干擾。

細緻度這東西是有層次的，隨著你的視野提升，你就有能力察覺得更多，做得更到位。例如當你的客戶是二樓的消費群，要求就會比一樓的消費群更細緻，跟他們相處，你就會學到二樓的細緻度，所以愈往上走的人，會愈來愈有能力往上走，這也是一種智慧上的M型化。

但如果你現在明明只在二樓，你看到在五樓的人做同樣工作，拿的錢卻比你多二倍，你就羨慕，想立刻也到五樓，然後你就用很多包裝去仿效，那你一定會跌下來，因為你並不知道五樓的細緻度在哪裡！雖然你可能可以看到一些，但看不到關鍵（當下的「正確按鍵」），原因是你漏掉了三樓、四樓的閱歷。而這樣跳階去做，往往很危險，有的人看別人成功了就去模仿，結果一虧錢，甚至把前面幾年辛辛苦苦攢的錢全賠掉了！他覺得他做的，跟那些成功的人是一樣的，其實是不一樣的！

現在大家都清楚，景氣不好，那景氣不好要如何讓錢流向你呢？這就更是要靠「細緻度」了。

M做室內設計的時候，有時候要找工班。有一次我們開車在路上，M看到一台油漆公司的工程車，就立刻說要拍一下車身上的電話號碼，列入可能的合作名單。我問他是怎麼相中的？他說做油漆的車子卻很乾淨，這不常見；工人把空壓機抬下來，居然空壓機的管線也繞得很整齊，更可能說明他們的管理是有紀律的。他說如果你做這一行，又很有自我要求，自然看到好的也能看得出來。因為M接的設計案，已經是豪宅等級，所以在施工前，得跟管委會簽約，先交出一大筆保證金，如果施工過程中稍微刮傷了公共區域的任何地方，管委會就會從保證金裡面去扣錢，作為賠償。而愈漂亮的地方愈容易發現損傷，所以做豪宅的案子，工人如果紀律不好、習慣不好，一弄傷什麼設計師荷包就要損失了，所以要做高價位的案子，要找的工班也要愈有品質。M說，路邊這一瞥，也只是通過他的第一關，第二關就是打電話過去，問對方幾個特定的問題（當然要問什麼問題，這些都是經驗值），看看他的反應油不油、老實不老實、就知道他以後會不會說一套做一套。等第二關通過，最後才是去辦公室見面，了解得更詳細，真的經過這三關以後才會決定要不要委託這個工班工作。

很多人是在第一關就刷掉，光看車子外觀就可以刷掉很多人，所以也許有的油漆公司覺得現在景氣不好、工作少、很辛苦又一直被砍價錢，好的案子接不到；但就像平行宇宙，也有一些公司CASE仍然應接不暇，重要的案子人家都想找他，你錢要給他賺都還要排隊等。但那個賺不到錢的公司會以為景氣變差，收入當然會減少；可是他不知道，其實你只要知道你應該要去細緻化的部分，該做到的有做到，你就會跳上來，因為在上面的人都一直在篩選、過濾，也想找到合適的合作對象。

在不景氣中，如何賺到錢？

所以不景氣賺不到錢，是對於沒有在學習、只是懷著討生活心態的人來說的；這樣的人當然浪潮上去你就跟著上去，浪潮下來就會跟著下來，這就是景氣。可是若你是有在覺知、有在思考、有在為了給你錢賺的人的需要去思量，你就會一直察覺到在工作的每個環節，那個「當下的按鍵」是什麼，只要願意在那個關鍵裡面去付出，你不但不會不景氣，反而會在不景氣裡面勝出！大家要知道，不景氣時，大多數人會都把東西做得更爛，所以你反而會變成那個突顯出來的人。

所以，要在不景氣裡賺到錢，其實真的很容易，這很像以前綜藝節目在演的笑話：班長說，願意接受這個使命的人請向前一步，結果所有人都向後退一步，只有一個人沒有退，他就是向前了，所以就是你出頭了！同樣的道理，現在大家都在向後退步，所以甚至只要你守住品質不往後退，你就凸顯出來了，更何況如果你願意比之前更細緻那麼一點點，去提供別人所需，別人不找你找誰？如果你的野心不大，願意一步一腳印，每一個細緻度都可以讓你跳到一個新的階段，你也會看到自己在進步，你的收入也會逐漸增多，這樣就很好了！很紮實地穩紮穩打，才不會暴起暴落。總之，不要輕忽你現在做的事情的細緻度，因為你有做這一步，才會有下一步，每一個階段都有每一個階段的貴人，這才是「花若盛開，蝴蝶自來」在現實人生裡真正的意義。

人生其實是不進則退的，你無法「保持現狀」

最後，我們再回到那個「到豪宅當保全」的故事。那麼，那些社區裡灰撲撲的來上班，覺得這個工作不就是如此日復一日的保全們，若他們說：「我不想向上走，只是『維穩』，行嗎？」其實，當你不進步的時候，並不只是沒有機會向上走而已，甚至能不能穩穩的一直坐在這個位置上都很難說！你們就看實際的狀況，現在因為不景氣，願意做保全的年輕人愈來愈多，他們因為年輕，所以賣相好，也因為年輕，很多事情比較好教，所以很多七老八十的保全人員，原以為可以一直幹下去的，都被換掉了！有沒有發現現在的保全愈來愈年輕？更何況有些社區保全的態度不是很好、做事也有點二二六六，大家心裡面會不會有怨言？當然會，於是某天一有機會，他就被換掉了！到時他就更怨嘆，會認為就是因為經濟不景氣要縮編才會這樣，但其實不是；真正的原因是比他好的人愈來愈多，他自己不知道。所以，當你不進步的時候，你就是在退步。

所以即使是那個在一般社區中勝出，被挑選到豪宅當保全的人，他也不能停止學習，因為他到豪宅當保全的時候，原來的優勢就沒有了，過去的優點現在都是基本的了，這個時候他若不再去學習比過去更多一點的細緻度，也很有可能不知何時突然會被刷下來，這就是我們曾講的「人生不進則退」的道理。

怎麼說呢？你想想豪宅住的那些人，他們的脾氣或要求，是不是會比以前的一般社區更多？因為他們也覺得花了更多錢去請你，所以你的應對也要更體面；例如賓客來時的通報怎麼安排、下雨時要怎麼做……，這些細節也許在以前的社區可以不用在意，可是現在都變成了必須的要求；又比如以前可能只要服務社區的住戶，現在則是包括社區住戶的客人，你都要更細緻的去招呼了。因為這些住豪宅的人，對來訪的朋友也是要好好款待的，所以這個時候你也必須開展出新的視野與了解，也就是作為一個豪宅的保全人員，那些服務的環節中「當下的按鍵」又跟以前不同了；如果你很遲鈍，沒有意會到這些，就有很高的機率犯了一個錯，就又被刷掉了。反之，如果你知道「不進則退」，懂得繼續學習，那麼遇到狀況，你有做到位的時候，反而你又更「精彩」了，因為其他人還沒能想到，可是你已經做到了，那麼接下來你的位置，可能晉升管理幹部或是被某個豪宅主人相中，成為他的貼身司機，這些都是真實發生過的例子，於是你另一個更高收入的工作階段又展開了。

所以說到這，也就可以談談所謂的「貴人」是什麼意思？大家都希望遇到貴人，但**貴人不是提拔你的人，而是提升你能力的人**；如果你的能力沒有提升就被提拔，那是害了你。所以「學習」才是你真正的「貴人」，因為「學習」會提升你現在的視野；你現在看不到的，你的學習會告訴你，這樣你做人做事，才會一直提升細緻度，你的成功才會一直走上去，不會摔下來。所以為什麼你們來上課？就是因為可以「學習」，你願意聆聽能夠激發你思考、給你不同角度視野的這些訊息，你就是在當自己的貴人。

細緻度的極致，是在處理「人的問題」

「花若盛開，蝴蝶自來」這句話雖然美，但是它不真，為什麼？因為當花盛開的時候，不會只有蝴蝶會來，蒼蠅蚊子，你不想要他來的他也會來，這才是真相。什麼意思呢？就是說你雖然想要發光發熱，但是當你發光發熱的時候，也有爛桃花會來找你、也有小人想來騙你、也有黑道想來分一杯羹，你招架得住嗎？如果你招架不住，人生會有那麼美好嗎？

就像那位英國的洗車工人Paul Dalton先生，新聞說他幫人洗一台車的價格是二十四萬，相信很多人看了都覺得很羨慕；但另一方面，在這個工作位置上，他接觸的都是千萬跑車的主人，真相是水能載舟亦能覆舟、伴君如伴虎喔！比如說有一個車主是政要之子，他硬是要插隊、很任性，他跟你說你一定要給我擠出檔期，後天我開party就是要開那台車去，因為那台車才能配我的衣服！他是開車是要來配衣服的，那你怎麼辦？那其他客戶也是有錢人，每個都有權有勢有來頭，他硬要插隊你要怎麼辦？如果你沒有那個手腕與能力去處理好，他一個不爽弄個陷阱陷害你，舉報你逃漏稅，讓你做不下去都有可能；碰到這種層級的奧客，那可不是消基會可以管得了的，這樣你也會跌下來、被刷掉。所以如果做到洗車洗二十四萬的話，他要學的，在那個樓層的細緻度就已經不只是專業上的了，你要賺這種程度的錢，就不能說「我只想單純地、好好地在專業上精益求精」了，而是包括這些人我要怎麼跟他們相處？怎麼可以取得一個平衡，這更是要學的。

學生UNO：我要回應這個，我有一個做園藝的朋友，他現在自己開一個大的園藝公司了，他從國中就開始打工也有得過獎，現在服務的對象都是豪宅的老闆，所謂的豪宅就是獨棟透天房子而且有自己的花園。他說並不是自己的園藝技術好就好了，而是要懂得與老闆們溝通，因為每個老闆的脾氣都不同，要知道怎麼樣跟他們交流才行。有些老闆你跟他建議他會聽，這種就很好做；可是有的老闆是你跟他建議根本沒有用，但是依照自己的專業也不能一味的聽從，所以彼此間的磨合就需要很長的時間，他說這就是一些很細節的地方，那已經跟自己的園藝技術好不好沒有關係了。

章成：對，所以愈往上走，需要學的細緻度就不只是對於工作本身，包括做人做事，甚至連穿衣服都要學了。可是當你願意這樣去學的時候，你就有那個資格、那個能力，就可以有那個豐盛而不會掉下來，不然像日本茶聖千利休，即使才華獨領風騷，受到豐臣秀吉的重用，最後殺他的也是豐臣秀吉；這已經不是專業的問題，而是相處的問題。所以人這一輩子不管是做人做事，其實在學的就是細緻度，你愈有細緻度就愈能處理問題，即便是有絆腳石，都可以因為你的細緻度而變成墊腳石，那你的人生一定愈來愈富有，也能夠無入而不自得，這樣你的成功你才能夠享受。

好了，以上就是今天要跟大家分享的高靈訊息，加上老師的許多闡釋。那麼接下來就是自由分享與討論的時間，請大家分享或提問。

「虛」的工作，對整個社會都沒有好處

學生LILY：老師剛提到發傳單的例子，在路口都會有很多人發貸款的傳單，我一直都覺得這樣的工作很辛苦，於是就會拿傳單；可是有時候會掙扎，到底要不要拿？因為拿傳單就會讓做廣告的廠商覺得有效果，但是不拿又覺得發傳單的人賺不到錢。

章成：這是一個很好的問題。其實是這樣的：如果你沒有這個需求，就不用拿。因為工作應是建立在別人的需求上，否則就變成乞討；就像現在也有人坐著輪椅賣餅乾或原子筆等，很多人因為可憐與同情所以去買，而不是因為自己有需求。可是如果是這樣，在賣這些東西的人就不會成長——所謂成長就是「學習去為

別人的需要思考」的意思。等一下再跟大家說明為什麼沒有需求就不要買是一件功德。當一個人只會乞討、不會思考的時候，他永遠不會從需求面去做工作。然而工作真正的本質，應該是因為別人有需求而你提供給他，這才是一個對社會好的循環。所以發傳單的人不管是什麼樣的廣告單，會不會被拿應該是建立在別人的需求上。假如今天大家都沒有這個需求，用這樣的方式去行銷的業者就會變少，這對社會反而是正確的，因為就不需要這麼多人去做這個工作。如果這麼多人去做這個工作是因為大家同情去拿，拿了之後卻丟到垃圾桶，這是一個「虛」的工作，對整個社會沒有好處，對這些做的人的成長，也沒有好處。

其實當一種工作方式消失了，也會有另外一種工作方式出現，讓他們去做，例如：如果發傳單大家都排斥或不拿，就是說大家沒這個需求，這個工作自然就會消失，但廠商還是要想辦法把資訊告訴大家，他就會去想別的更有效的方法；當他想出真正有效的方法，也就是說那是你的需求的時候，廠商也要再雇用人去做那些事的，這才符合工作的本質。所以我的回答是，要看你自己覺得有沒有需求，沒有需求就不用拿，你的不用拿本身就會讓這個社會往健康的方向走；如果有人因為這樣而沒有工作，他也會去思考：「我要去做別人有需求的工作。」如果你能夠開啟他生命裡的這個思考，這對他才是很大的功德，因為他就等於在做他人生的功課。

所以如果你跟著你心裡面的「健康感」去做選擇，這一切都是配的好好的，你不需要的話就說不需要，無論是家庭、社會，整個生態才會朝向好的方向演化。

學生GIGI：有一次我帶小朋友去兒童樂園，就有一個身障者坐在輪椅上賣口香糖，我在旁邊觀察了一下，發現沒什麼人跟他買，而且他中午只吃一個麵包，我就過去跟他說：「這樣吃的飽嗎？其實我覺得你在這裡賣口香糖，跟你買的人不會多，因為家長不太讓小朋友吃口香糖，建議你可以改賣吹泡泡。」我又問他知不知道要去哪裡批貨？我建議他去詢問看看。

章成：對，這就是回歸到工作的本質，去幫助他，讓他成為一個真正的工作者，讓他真正的有尊嚴。這也是一種教育，而教育的功德是最大的；因為我們的行為都有影響力，會形塑社會的生態，如果你的行為是往健康的方向走的時候，這社會才會健康，那是很大的功德。你分享的例子很好，這樣告訴他是很好的，當然也要對方願意接受，但就你選擇的方式，就是教他釣魚。

學生GIGI：其實我是一個比較害羞的人，那一次是鼓起勇氣才敢去關心的，連我老公都覺得我很奇怪，怎麼會管這種閒事。可是那時候我心裡有一個聲音是：「不對呀，這樣一輩子沒辦法賺到錢。」所以鼓起勇氣跟他說。

章成：你覺得那時候他的反應如何？

學生GIGI：他就是笑笑的，也覺得不錯，但我不知道他事後會不會真的去做。

章成：他有沒有再給你什麼回饋？例如他有沒有提出問題？或追問你？

學生GIGI：沒有，我覺得他好像跟人的應對能力，也不是很好。

章成：如果他感謝有人願意跟他講，他也覺得可以多思考看看，然後多問兩句，也許他的人生就改變了。如果他想到的是「不可能」或「很難」或是「你不了解我」的時候，可能就一直停留在原來的生活軌道了。所以有時候人很難改變，因為如果他心裡面是受傷的，因為玻璃心而覺得「你又不了解我」或是「這個很難」、「你講那個我做不到」，心裡很多OS，那也許要等到在那邊賣口香糖真的賣不下去的時候，他走到了谷底，連麵包都買不起的時候，他才會開始省思，那時候你曾經跟他說的話他或許才會想起來，才會試看看去批泡泡水。

所以，也不見得你現在跟他講的沒有用，只是機緣點還沒有到。可是人並不一定要到谷底才能成長，這是看一個人思想的開闊度、接受各種想法的心量有多少。但是很遺憾的，雖然不是全部，你會發現越是在社會底層，看起來很艱苦、讓人覺得很可憐的人；你們可以去觀察或測試，他們多半思想上的包容性也是很低的，他們不太願意思考、封閉性比較高、習慣很快的拒絕很多事情……。不過這也是當然的，一個人如果不是這樣，他不會每況愈下。

學生YUGA：老師，有句話說「可憐之人必有可惡之處」，是這個意思嗎？

章成：是的，但這話不應該拿去批判人喔，只是提醒大家，不要單只從可憐的角度去同情弱勢，因為這樣你也會看不全面，而去做事倍功半的事情。你要看到可憐的人，他今天為什麼會走到這樣？也有自己要負責的原因的。例如就算他要賣口香糖，他也可以多用心觀察，選擇較好賣的地點，或選擇比較能賣出去的口香糖類型。二十多年以前我在伊甸社會福利基金會工作時，那時候很多身心障礙的朋友都在賣口香糖，可是我服務的個案中，有一個業績特別好，你知道嗎？他一個月的營業額就可以賣到十萬塊！二十多年前就月入十萬了！所以他的困擾不是賺錢，而是婚姻，他想結婚。那個人就比較靈活，因為我們接觸過很多個案，但他就格外不一樣，他是比較活潑、思想比較靈活的。

M：我想到另一個例子，有一年我們去淡水，有一個街頭藝人生意特別好，賺錢方式卻很輕鬆，她怎麼做呢？她用了一幅名畫，畫面是一位女伯爵的肖像，但是肖像的臉挖了一個洞，她就把自己的臉畫了類似「文茜小妹大」的逗趣濃妝，放進洞裡變成會有表情的一幅畫，在那裡跟過往行人擠眉弄眼。

畫裡的一隻手是畫的，但另一隻則也是挖了洞穿出她自己的真手，就在那裡假掰貴婦跟大家嫵媚地打招呼，還不時捏著糖果勾引小朋友來拿，結果小朋友看到都覺得很好玩，很想跟她玩，大人就會給小朋友一些硬幣，讓他們拿去跟她互動。當時在附近也有一些全身上了顏料，穿著全副武裝，打扮成各種雕像造型的其他街頭藝人；當天可是大太陽呢！這麼辛苦地站在那裡等人家投幣才能動，可是她受歡迎的程度卻明顯高出他們很多。

這些街頭藝人真的很辛苦，但不需要因為同情而給他錢，你若沒有感覺就不要給，這樣他才不會一直做同樣的事情，他才能開啟他的思維，去更認真地觀察為什麼人家能賺錢。其實扮演不動雕像，在台灣剛開始出現的時候，確實有新鮮感，也真的賺得到錢喔！那時候有些活動甚至還會特別邀請這樣的街頭藝人來表演，是有給演出費的。但現在早已是老梗了以後，還要跟在人家後面做，當然賺不了錢了。

人的相處你透徹了，心經你就通了

學生LION：好像不管什麼事做到後來，都是在做「人的功課」。專業技術儘管已經頂尖了，到後來要會的還是跟人相處的智慧。所以是不是不管我們做什麼，做到後面都是要做「人」這個功課？

章成：是呀！其實我們在做事的過程，就已經在做「人的功課」，但是最後不管你做什麼事情，你碰到的問題都是人；所以為什麼日本人這麼喜歡研發機器人？因為他們覺得人最麻煩！這是高靈說的，我只是轉述。高靈說其實日本人潛意識覺得人好麻煩，很難搞，所以就會傾向於去想像一個，用機器人來處理各種生活所需的世界。有很多人他賺到錢也有名聲了，我們會覺得他很成功，可是他真正的苦，都是「人」的問題，例如：小孩的問題、夫妻的問題、小人的問題、家族的問題……，因為就事情來說，他們都有才華或是他們都會做，可是是什麼讓他們得憂鬱症的呢？是「人」的問題。

會讓我們一直來輪迴的，也是「人」的問題，而不是「事情」。你不會因為刷馬桶刷不好的問題來輪迴，你都是因為明明刷乾淨了還被你婆婆罵，不甘心所以又來輪迴的（笑）。在這個世界上，能夠賺到錢也能享受人生的人，是因為也能處理人的問題，才做得到的，那種人的心才會有餘裕，倘若心沒有餘裕，再多錢也只是一些數字。當你能夠處理「人」的問題的時候，那種智慧的細緻度就會讓你有真正不退轉的開悟，你才會在這裡面去明白什麼叫做「色不異空、空不異色」……這些《心經》、《金剛經》裡面的道理。這些看起來很高端的道理，都是在「人」裡面了悟的，人的相處你透徹了，《心經》你就通了，佛經裡面寫的那些，你就知道真正意思是什麼了。例如：脫離輪迴的開悟、從菩薩道到成佛，那都是在修人的問題。

宗教老師背後的巨大背景，反而會讓他看不見真正的自己

章成：這邊順便可以講個題外話呼應你剛剛問的問題，但這也是高靈的訊息。祂說，在宗教架構裡面很多的老師，比如說，牧師、法師……或者是仁波切、法王，不管他的身分有多殊勝、或有多少人拜他，這些隸屬於某個宗教架構，在一個

體系裡面被培育出來的老師，之所以可以把這些經典講得很精彩，是因為他們的宗教傳承裡有很多前輩、先賢、大修行人……以前真的有很多開悟的人，包括很多仔細研究經典的人，幫他們做了很多整理，遺留下來很多的筆記，所以只要他去傳述這些筆記，對一般人來講就很夠用了，就會覺得非常精彩了。但實際上這些老師的智慧沒並有開展到那個程度，原因是他們欠缺了很多人生真實的歷練，因為他們的宗教架構已經形成一個巨大的規模，宗教的光環讓很多信徒願意捐款，他們沒有白手起家的經驗。尤其是密宗裡面所謂的上師、仁波切，其實他們在養成的過程中就好像我們一路從大學、研究所、博士，一直在學校裡面念書，不是真的在社會大學裡面打滾出來的，所以對於大學、研究所裡面的東西，雖然就像一個教授可以講得很精彩，但如果你跟他講很實務的問題，他們之中，有很多就不知道如何從你的現況一步一步引導你，因為他們沒有那種歷練。

高靈說，像他們這樣的人學習這些理論到一定程度的時候，該做什麼才是對的呢？就要下山，就像古時候師父對徒兒說：「你現在該離開這裡，下山歷練了。」舉例而言，可能需要恢復一介平民，隱姓埋名，進入社會靠自己從無到有去賺錢、養活自己等等；他要在這個社會打滾，才能夠讓以前學的東西變成活生生、真真實實的體悟，也才能夠真正深入地理解世人，懂得怎麼去帶領人們。到那時他再來披回袈裟，再去當人家的老師，就會是很好的人間導師了。

你看六祖慧能在大乘佛教裡面能夠「一花開五葉」；也就是從六祖慧能開始，中國的禪宗才開始蓬勃發展，有五位重量級的祖師都是從他那裡開展出來的，這真是相當了不起的成就！六祖的經歷是，當他還是一個在家居士的時候，在某個晚上五祖弘忍就已經把衣缽密傳給他，並要求他當夜拿著衣缽趕快逃跑，因為本來大家都認為神秀才是接班人，五祖知道一旦大家知道衣缽傳給六祖，一定不會饒過六祖……聽起來是不是很好笑？那些修行人到底在修什麼？五祖甚至交待六祖十五年後才能出來弘法，所以他逃走以後有十五年是消失的，一直在民間生活的。《壇經》只提到六祖有一段時間跟著獵人隊討生活，「獵人隊」喔！人家可不是吃素的！

而《壇經》裡面還記載，五祖底下的那些徒眾，真的有幾百人去追殺六祖，他們追到一個荒野，六祖　在一個大石頭後面的洞穴裡面，那些徒眾就放火燒整片草叢，想用火與煙把他逼出來，或把他燒死，目的就是要拿到衣缽。所以多可怕，你們以為在禪寺裡面大家都一片祥和？這簡直就是黑道嘛！所以六祖雖然開大悟被授與衣缽，但就他的道行而言，這才是剛開始上路而已，要到真的能夠度化眾生變成一個大禪師，沒有那奔逃的十五年是做不到的。所以真正的靈性之路是你的人生，而人生要處理的就是「人」，在「人」裡面才有開悟、才有千手千眼、才有「都可以」、才有大覺醒，這就是菩薩道。

所以高靈說，很多在宗教裡面你認為的大法師，其實多數是經師，還沒有到達導師的程度。如果他們的經典像是一座一百層的大樓，他們可以把一百層上面的風景，講得非常美、非常好，但他們實際的體會可能連四十層樓的高度都不到，而這裡也要提醒的是，他們也反而會被困在這個角色裡面，而更難脫離輪迴了。為什麼呢？因為你所擁有的巨大背景，反而變成讓你看不到真正的自己，就不知道自己缺乏的那一塊，實質的歷練需要什麼？只是一直重複自己擅長的事，也因此難以真正修上去。

你懂得，如何贏得貴人的心嗎？

學生ＬＩＯＮ：老師，我想提出一個自己工作上的問題，像我們賣茶的時候，明明拿出品質好的茶葉給客戶挑，他最後偏偏要挑我們認為已經做壞的茶葉，而且還很喜歡。有時候不禁感慨，那麼努力去把茶做好，或是很要求栽種的品質，這些卻變成是其次的事情，比較重要的事情變成是如何跟客戶應對，讓他買的高興。

章成：後者可能是一個確實也很重要的部分，但是很有品茶深度的人，或品茶經驗比較久的人，會不會他們的想法，就跟你比較接近？

學生LION：但是這種人非常少。

章成：不是非常少，是你還沒到那個層次，你現在的層次不能吸引到他們來認識你。此外，你說那樣的人很少，可是能夠滿足他們的人也少，所以他們是比較願意付出更多的金錢去購買的。例如在你現在的層次，一個月會到你的店裡買茶的人，假設有一百個，每個人都要跟他講個半小時才買茶，那一百人乘於半小時要花多久時間？可是如果一個客戶非常懂茶，你所在的層次能夠認識他，那做他的生意就夠了，他買一次所花的錢，可以抵一百個人。講這個話你也許不相信，就像你去跟一個洗車工人說，有人洗一輛車賺二十四萬，他也不相信。不過已經在這樣賺錢的人，就會知道老師說的是真的。

所以愈往上層走賺錢愈快，確實有那些階層，只是你們目前還沒走到那個層次，沒有辦法吸引他們來，因為偶爾也有這種客人，但不多，所以你才會覺得賣品質好的高單價茶葉沒法營生，好像賣茶葉需要的還是跟人家哈拉交陪的人際技巧。雖然那也有，但只佔很小一部分，最主要還是要把事情做到非常細緻，而這個「事情」不只是茶葉的本身，是整個賣茶事業的整體，都必須做到非常細緻。當然，想要一直往上走，真的要有興趣才會一直願意去付出，因為那種付出無法馬上看到結果。

學生ＹＩＣＨＩ：我有一個想法，如果ＬＩＯＮ平常在他的臉書上面ＰＯ紅茶小知識或品茶小知識，跟這一類相關的資訊，也會慢慢吸引喜歡喝茶的人去看。

章成：對。當然這裡面有很多作法，我們要發想起來可以很多，但不是用功利的想法去發想，要回到事情的本質——你對品茶的熱情；除非你有這個熱情，否則用功利的想法去努力，你無法真正達成高層次的「細緻度」，這就是很難意會的地方，大家都知道要去「付出」、「努力」，但這裡面有一線之隔。

學生ＧＩＧＩ：所以老師的意思是說，如果我們以功利考慮，希望現在立刻找到那一層懂得深度品茶的人，可是當自己的層次還沒有提昇到那個階段的時候，就會吸引不了、也找不到那些人。

章成：對，你找不到，就算來了也留不住。

M：所謂「付出」，不是馬上針對營業上的，首先是對心裡明明知道是想學、想體驗的，「捨得」去付出，比如說看到什麼東西是自己有觸動，會想學，那你就要願意花時間金錢去學；或者有一些很好的展覽在很遠的地方，可是你甚至會專程請假過去看等等。在你的興趣裡面，你一定會看到值得追隨或真的讓你感動的目標，而你願意花費金錢和時間去體驗、追尋，這應該就是老師說的付出。

章成：對，對於讓你心動的事物，你會願意花成本去學習，其實就是你在對未來的自己奉獻；可是那些學習並不會馬上給你靈感，或立刻讓你知道現在該怎麼做，而是一種養分的堆疊。人就像土壤，如果一直放養分進去，到某個很肥沃的時候，真的就會種什麼長什麼，可是在那之前你是沒辦法揠苗助長的。而且這裡面很重要的，與「付出」有關的，就是「貴人」，你有付出，貴人就容易出來提攜你；可是這裡面，也有一線之隔，如果搞錯了，你以為你有在付出，可是能提攜你的貴人反而會把你扣分。

我舉個例子，比如說：我認識一家經營十幾年、做得非常出色的民宿老闆，他的民宿已經蟬聯台灣前十大民宿多年了。其中有些人去住，為的是想跟老闆聊一聊以後，可以從裡面偷學一些東西，因為他們也計畫要開民宿。他們心裡的OS是：「平常我只花二、三千住民宿，現在要花八千、一萬住那一晚，花那麼多成本，跟老闆聊天時一定要想辦法挖到一些資訊。」但就那位老闆來講，他一看你講話的眼神，就知道你來的目的是什麼了，因為他已經有很多經驗，不是第一次碰到你這種客人，他感覺到你是要來「偷」的，那他就不會給。

或許有人會認為，我已經付出金錢來住、來體驗，那盡量從老闆身上挖寶，有什麼不對？可是，你是把別人的努力成果、智慧結晶，當成一種資源在挖取、利用，還是真的看到它的珍貴？這二者是不同的，而對方的內心也是感覺得到的。比如說，在還沒跟民宿老闆聊天之前，如果你是先去感覺這個地方的美好、真正打從心底覺得欣賞、感動，有這樣去感覺後，再跟老闆聊天時，你是因為由衷的看見一些細節而回饋給他，然後很謙虛的說想跟他學一點東西，知道這是民宿很珍貴的智慧財產，甚至於你能夠主動說：「老闆，什麼樣的學費會讓你願意教我？或是回答我一兩個問題？我願意付出。」也就是說你主動表明願意付出，去珍惜別人的給予，他才會覺得你可以造就，才會願意分享。真正成功的人都知道要付出，不是功利的付出，而是真的有看到別人的珍貴，願意奉獻和回饋，因為有這樣的特質，才會贏得貴人的心。

你去住人家成功的民宿，你認為你已經花了高額的住宿費，自己認為這是「學費」；但人家明明也提供給你住宿及該有的服務了呀！沒有人欠你的，這是自己花錢心疼，去產生出來的合理化説法，這也代表你真的看不出來人家的東西為什麼值這個價錢喔。

人要往上層次走，付出是必要的，但不能有偷心，因為上層次的人不可能看不出來，否則他就不是這個層次的人了；只是人家看出來也不會講的，甚至看到你的人格品質是這樣，他手一指，故意指個岔路，讓你走錯方向去自尋失敗，也有可能。你説幹嘛要這麼狠？這不是狠，因為人如果心性不對，讓他做起來，對他、對這世界全沒好處，我要告訴你們坦白話，如果你相信有神有佛，他們就是這麼做事情的喔。

所以今天我們談做人做事的「細緻度」，也包括這個，而且這點是非常非常重要的，因為如果你想要提升你的層次，感受到事半功倍的豐盛生活，你要知道愈往上走，你會愈需要貴人，所以你要能夠對別人有真正的珍視和尊重——這就是「誠」；而心誠才會靈。當你對自己有真正的珍視和尊重，就會願意給自己好的東西，願意栽培自己；當你對別人的智慧與資源有真正的珍視和尊重，就會願意去付出代價學習，才會得到貴人的相助。就像有人在問路，其實應該向左走，但是因為他態度不好，被問路的人就說向右走、不知道，或都可以，這就是「因果」。

章成：如果今天你沒有那個「誠」來聽課，你聽到的就會是一種功利的想法，可以怎麼操作、怎麼去做等等，可是你就沒有辦法真正的「細緻化」，你的人生並不會這樣起來，就算稍有起色也會很快下去，無法持續上升，因為就是會有盲點。所以你看很多企業就是上來又下去沒有辦法永續，他們上來的時候，多半是因為剛好碰上了時代的潮流、剛好在處在那個對的位置，不是說他們真的有智慧、內在真的有足夠的養分，所以潮流退了以後他們就下去了。

吃素？不吃素？

學生GIGI：我想討論一個問題，關於吃素與否這件事。比如說，我吃一隻雞，吃素的人讓我覺得我好像把小雞的媽媽吃掉了，我覺得好像也有道理，覺得自己做了一件不對的事情，可是我又改不過來。然後又比如說，吃素的人說不能殺生，可是我家裡就是有老鼠，大家都說怕老鼠，我就用黏鼠板，結果老鼠被黏住，我不敢把老鼠從黏鼠板抓起來拿出去放生，家人也做不到，所以會想到我這樣做是不是殺了一隻老鼠？心裡面覺得不太對。

章成：首先談談吃素，吃素只是一種情懷，作為一種慈悲心的表達而已，不是有人真的可以透過吃素，而能不殺生的。佛經裡面記載，佛陀說一杯水裡面有「八萬四千蟲」，那時候不知道有細菌這種微生物，可是現在有顯微鏡就會發現確實是如此，那些細菌、微生物也有意識，也是一個完整的生命喔！很多你覺得很微小、要用顯微鏡才看得到的生物，就牠本身來講，牠不會覺得自己很小；牠也有手有腳，甚至有神經系統和消化系統，牠們也認為自己是一個「自己」。現在的科學家也證實了，獨立的植物之間也會溝通、示警等等，植物若缺乏水分，就會讓葉子垂一點，好把水分送到比較重要的地方維持生命，它們也想保有自己的架構不要崩潰，每種生命都想維持自己個體的完整與持續。所以不管妳吃什麼，都是殺生。

還不只是吃東西喔，我們呼吸就已經在殺生，因為有很多的微生物也被我們吸進肺裡死掉了；當你生病的時候，你的白血球為了讓你活下去，它們拚命殺死成千上萬的病菌，那就像一場身體內的世界大戰，雙方都死傷無數，這也是殺生喔，但沒有你的白血球一直在殺死病菌，你就活不到今天，所以，我們活著，就在殺生，這就是物質世界的真實。

所以我才說，吃素只是作為一種慈悲心的表達而已，但慈悲是要有智慧的，如果有人主張吃素，主張到拿吃肉的業力去恐嚇自己與別人，這就是沒有智慧了，那你就要想想，你活著就是在殺生，你並沒有高人一等，如果你相信殺生一定會不好，那你又不能不呼吸，又不能不住房子（每個建設都是開挖土地、死傷眾生而來的），這不是在詛咒你自己嗎？

我自己吃過素十一年，這些事情我都正視過，也思考過，所以後來我明白，吃素只是你想要透過這樣的形式，去表達你的愛，就只是如此而已。你可以選擇這種形式去表達你自己，可是不要去說，別人沒有吃素，就是不慈悲，就是做壞事、造業，如果做是念，你就是在用你的批判「殺」別人，這才是造業。

有的人沒吃素，可是他對受虐兒很有感覺，他幫助受虐兒比你做得多；有的人沒吃素，可是他對勞工權益很有感覺，他的愛付出在這裡比你多……所以你能說，人家沒吃素就比你沒有愛嗎？這要怎麼比呢？相反的，有的人吃素，對社會議題從來漠不關心，那吃素的功德真的有那麼大嗎？

就像有的人會捐錢給國外的兒童，就會有人說：「國內兒童不可憐嗎？為什麼捐給國外兒童？」其實會去做什麼善行，會捐錢給誰，跟當事人的緣分很有關係，每個人都不一樣。有的人就是剛好看到國外兒童的報導，但他特別有感覺，所以就去做了；你如果對國內兒童的事情真的很有觸動，你就去做啊！不應該說錢為什麼捐給誰，兒童就是兒童啊，每個人的因緣不同，甚至每個人天生的基因不同，會被感召的事情就是不一樣。也有網友曾經對我不以為然，說老師你那麼哈日，每次臉書都講京都，世界又不是只有京都？我說你不覺得如果一個人對京都很有感覺，他能夠汲取京都很多的養分來分享，那既然他對這個特別有感覺，那他就去做這個，不是最適才適用嗎？倫敦也是很棒的地方，那就讓對倫敦很有感覺的人去做介紹倫敦這件事情，不是才對嗎？這世界就是要有不同的人做不同的事，貢獻給我們，讓我們想知道什麼就有那方面的深入資訊，這樣不是很好嗎？你怎能對一個很喜歡京都的人說，為什麼你只講京都？

同樣道理，有的人的慈悲心是對勞工的權益特別有感覺，他也許是勞工出身的，他對勞工的健康、待遇很關心，他雖然吃葷，可是他做了很多對勞工有益的事情，那他慈不慈悲？你不能說看他吃葷，就說不慈悲，那只是你自己對於吃素這一塊特別有感覺，你想要去表達，那只是在表達你的慈悲。可是嚴格說起來，你吃素也只是表達了你的慈悲，其實你還是在殺生；可是人家關心勞工，是真的有去照顧到勞工喔！甚至很多人吃素只是怕造業，那他是為了他自己；甚至有的人吃素久了，有優越感，他覺得拿到了脫離輪迴的門票等等，那這樣是慈悲嗎？某個程度來講，若一直強調慈悲，卻一直批判別人，那是一種暴力喔。

學生GIGI：去年我小產，結果我那個吃素的朋友跟我說：「你不覺得你很矛盾嗎？你想要一個生命，可是吃葷是在殺害生命，這樣當然小產。」我聽了很不舒服，但我沒跟她講。

學生LILY：這樣她還是你朋友嗎？

學生GIGI：她還是我朋友，但我決定不再去他們團體活動。

章成：《都可以，就是大覺醒》這本書裡面有講到「多樣性」的重要，希望大家都朝一個行為模式去做的心態，就會產生很多的暴力、很多的自我膨脹。

學生GIGI：我那個一直勸我吃素的朋友，每次跟我講的方式，都讓我感覺她只是害怕他們所謂的吃肉，會讓自己業障越來越重而已。

章成：所以她傳遞的是什麼？

眾學生：恐懼。

章成：他們吃素真正是為了什麼？

眾學生：自己。

章成：所以什麼是真慈悲呢？當你可以看到這些方方面面，你會知道自己也只是多樣性裡面的一份子，而每個別人的存在方式，都有其貢獻。可以看到這些角度，你才會有謙遜、你才會沒有批判、你才會有愛。有人做勞工的、有人做旅遊的、我們都能在這裡面看見別人的發心，我們對這些都是認可、讚美的，這樣的心胸不就是愛嗎？還是說「你們做這些都不可以，要做什麼才能解脫！怎麼樣才是高尚、只有信什麼宗教才對，信其他就錯了！」那這樣的想法還是慈悲、是愛嗎？所以慈悲是一個答案嗎？或一個行為準則嗎？若你試圖去找一個行為準則來保護自己能夠趨吉避凶，那樣的話剛好會相反，因為你就會僵化，你就會創造衝突，你會活在頭腦裡面（而不是你的心裡面）的。

但是，如果一個吃素的人，他很溫柔地知道，這只是自己想選擇的，對其他生命的愛的一種表達方式，那是一種感性的情懷，不是一種「這樣才正確」的行為標準，那他就會「無我」，而散發出有智慧的慈悲之光。

並非誰都是你的「朋友」，善用吸引力的開悟心法

學生LILY：我為什麼剛剛會對GIGI脫口而出「這樣她還是你朋友嗎？」那句話？因為我覺得朋友是不會拿你的弱點去攻擊你的痛點的。

章成：我們台灣人太容易用「朋友」這個詞，這點我們可以稍微調整，學學日本人。日本不輕易說我們是朋友，他只會說他認識你；如果他用「朋友」這個詞，表示你們已經建立了能夠情義相挺的信任度了。當然這也有缺點，有一點幫派思維，但意思就是：確認了彼此到達了會情義相挺的程度，日本人才會說這是我朋友。在台灣，我們「朋友」一詞說得很氾濫，認識就說是朋友了，其實根本對對方所知有限；但是「朋友」這麼一叫下去，很多人就會用「朋友」這個詞

來跟你要東西，讓你不好意思拒絕了。例如說：「我們是朋友吧？（你說是）那借我三千塊我下禮拜就還你了。」其實搞不好才認識三天。對於台灣人，認識三天和認識三十年，通通叫做朋友，這樣做是對自己不利的，會讓你自己不清楚彼此該有的界線；可是說對方只是「認識的人」又好像不給面子，所以怎麼辦呢？建議大家，你的朋友要「分層次」，在你的心裡要建立幾個同心圓圈，這個朋友要屬於哪一圈？那個朋友要屬於哪一圈？你要有一些層次出來，有了這個層次，你在對應的時候，就會有其差異，不會叫朋友的人都等同對待，這樣你處理人際關係才會比較正確，不會出錯。而把朋友的層次明確的劃分出來，這也是一種細緻度喔，有這麼去做的人也會比較容易成功。

我講一個大老闆的故事：有一次辦婚禮，很多其他大老闆或重要人物都會來，他事前就規劃了誰要坐哪一桌、該跟誰坐；可是排著排著，座位不夠了，他有一個很麻吉的朋友也是大老闆，因為座位排不下，就把他抽掉放在很後面的桌位，然後讓一個不怎麼熟的老闆安插進去。他當時的想法是：都那麼麻吉了，是自己人應該沒關係。結果那天婚禮結束，他那個麻吉朋友跟他說：「你怎麼把我放在那桌？」他解釋說：「因為放不下了，我們都那麼熟的朋友了啊！我想是自己人了。」朋友說：「是沒錯，可是你也要為我考慮考慮，我也是一個老闆啊，在這種公開場合，你把我放在那個位置，別人會怎麼看我？你既然是我朋友，我們又都在商場上，你怎麼會不了解這個？」後來他就反省，覺得說這個就是俗語說的「近廟欺神」；很熟的反而這樣對待，這是錯的。既然他是你這麼好的朋友，你就要把他放在主桌，放在最好的位置；也許你認為其他那些老闆，他們可能是你未來的餅，可是真正有在為你付出的那個朋友，你更應該為他付出啊！當你真正的好朋友發現你輕重不分時，他以後還會對你情義相挺嗎？

如果說「朋友」就是台灣人最普通的稱謂，什麼人認識幾天都可以叫做朋友，那以後你們就要學著分辨什麼是你「真正值得交往的朋友」。這個部分可以參考《回家》那本書裡面，有關「吸引力的開悟心法」那一篇，做這樣人際關係的分類是非常重要的，你的人生才可以真的往上走，真的可以更快速的開悟。不然你把時間用在不是很好的朋友上，他反而會來瓜分你的能量，甚至把你捲進更狹隘的信念裡，讓你被拖進他小小的那一口井當中看事情。

「親戚」、「朋友」，這些稱謂常常是台灣社會，很多很自私的人喜歡使用的障眼法，用來掌控他想利用的人，你在心裡頭要拿掉這些稱謂，好好分辨來找你的人究竟是好是壞，值不值得你親近，這樣你才能夠真正的趨吉避凶。

學生GIGI：老師剛剛對「朋友」這個主題的闡釋，解決了我上星期遇到的一個狀況。我女兒因為在公園的沙坑玩，認識一個男生，女兒跟我說：「媽媽，我認識了一個新朋友。」沒想到那小男生聽到了立刻說：「沒有啊，你不是我朋友。」我女兒問：「媽媽，他怎麼說我不是他朋友？」變成我不知道怎麼跟女兒解釋，因為老師都教他們「大家都是好朋友」。

章成：哈哈！這就是台灣人的思維沒錯，「大家都是好朋友」，這樣說的老師如果問自己：「這是真的嗎？如果不是真的，為什麼還要這樣教？」那他很快就會發現，其實這只是基於自己的方便，希望小孩子相處的時候能夠和睦，不要有衝突而已。然而，這種概念這對小孩子卻是弊大於利的，因為這在現代社會，實際上會有危險。可是因為老師已經這樣教了，你如果直接說老師錯了，那小孩子也會很衝突，所以怎麼做呢？你可以告訴孩子雖然大家都是好朋友，但是這個「好」，也有差別的，比如說「好」有0～5，六種程度。例如有一起玩過，但剛認識也不知道他名字或念什麼學校，那就是「0的朋友」；如果有一起玩過兩次以上，知道名字和學校，那就是「1的朋友」；如果到了彼此交換家裡的電話，讓爸媽也可以認識彼此爸媽，那就是「2的朋友」……以此類推。然後你可以告訴孩子，「0的朋友」可以怎麼相處（例如可以分享玩具在當場一起玩），「1的朋友」又可以做什麼事（例如可以讓對方借玩具去自己玩），「2的朋友」才可以借玩具給對方帶回家去等等……那為什麼要這麼分？你可以解釋給孩子聽，不要以為小孩不懂喔，小孩是可以這樣教的。教了之後，這是屬於1的朋友，那你就不可以去人家家裡玩，或去要東西或借人家什麼，這樣他也會去建立他的行為層次，他會開始了解人際關係是有層次的，能夠建立這種概念，就等於在開啟他的智慧。

在有智慧的地方，就容易有出路

學生YICHI：我覺得我不容易被「朋友」這個角色勾到，因為我是壁壘分明的天蠍座。別人如果想用「朋友」這個角色從我這裡撈到什麼便宜，是不可能的，我對「朋友」與「好朋友」的區別，是非常明顯的。

章成：因為天蠍座天生就比較不是小綿羊，所以他自己會分類，可是其他很多人是小綿羊，很容易就被這種「大家都是好朋友」的概念催眠。

學生YICHI：可是只要是親戚，我就不行了。例如：你不是長媳嗎？長媳就應該要@#%&……你不是大姑嗎？大姑就應該@#%&……這類話很容易勾住我，我很容易被家族、親戚這種話勾住。

章成：很坦承的看見呀！所謂勾到，就是「你得照人家的劇本演」，可是你若能不被勾到，未來才能成為自己人生的主人喔！倘若這麼容易被別人的劇本框住，要怎麼去創造呢？況且，有些人要你照演的劇本不但不是雙贏，甚至是會雙輸的；大家在裡面演，很累又很苦，不是很浪費生命？你們來上課，老師就是要教你怎麼去創造雙贏的劇本，走出自己的路。這不是把人家排斥掉喔，是你的路，讓別人也可以在裡面受惠的；受惠是指，他最後也可以感觸到你的選擇其實真的比較好！人生是可以這樣的，到後來大家會感謝你居然可以帶新的劇本來到他們的生命，打破這個苦的循環，這就是「行菩薩道」的意思。

學生Tiffany：我和先生回老家承接家裡工廠之後，一直都做得很痛苦，就像老師剛說的，被角色勾住了；因為我先生和我婆婆意見永遠不一樣。剛回來頭幾年因為我們不懂，所以都聽婆婆的，但逐漸我們知道了，婆婆的觀念已經跟不上時代了，因為工廠的運作，聽她的結果都很糟糕，於是我先生他出去上課，想用新觀念新做法，可是我婆婆完全不採納。就這樣過了八年，今年終於爆發一個很大的衝突，我老公就提議我們要出去自己開業，不要跟媽媽在同一個工廠做。對老公的提議我心裡想說：「那我們一定會被你媽媽罵死吧！」我覺得這真的很難，我也怕我婆婆會生氣。別人安慰我說：你要做這樣的決定！親情的撕裂是很難避免的。所以老師剛剛說要雙贏，我真的還想不到有什麼辦法。我已經一段時間沒來上課了，前陣子老師突然跟我聯絡時，我剛好就在這樣的混亂裡。

章成：是高靈請老師主動跟你聯繫的，不然我也不知道你發生了什麼？那時候我們有收到訊息說：「Tiffany有狀況，你們聯繫她，看她要不要回來上課。」

學生Tiffany：是的，那陣子為了那件事情，我壓力很大。

章成：其實那件事情就是個十字路口，如果你們選擇決裂，真的去另起爐灶，妳婆婆確實會很受傷，而且會非常恨，妳先生也不想變成這樣，這對他來說也會是很大的壓力。這壓力是說我也想要愛你，可是卻變成我們是仇人一樣；那就算你們以後事業成功了，冤仇也不會復合，所以不是這樣去解決，要雙贏，雙贏你們心裡面才會舒坦。

像現在碰到這個問題，想雙贏，你說好難好難，我們回到開始說的那個，發傳單沒人要的真實例子，那也是好難好難，不是嗎？誰知道真的有那麼一句話，就會把發傳單變簡單了？所以你要相信，任何事都是有出口的，如果不是這樣，就不會問你要不要回來上課，回來學了。所以請再給自己一些耐心，透過上課的討論和浸泡，有時候在不經意之間、或時機成熟時，答案就來了，你就會看到曙光了；因為在有智慧的地方就容易有出路。

如果你呆在一個比較灰色的地方，或跟比較容易悲觀人在一起，你就常常會收到「不可能啊」，或「不會有辦法」的訊息，所以選擇環境很重要；例如你們家發生很大的衝突，每個人心情都不好，氣壓都很低，你如果還成天一直泡在那裡面，就更容易鑽牛角尖。難怪高靈給我訊息，建議你回來上課；因為你若轉換一個好的環境，那裡大家都在往上走，都願意用智慧去看待問題的時候，你的出路自然就容易發生，這就是成語說的「近朱者赤，近墨者黑」。有很多人人生不順，心情不好時，想到要去上課，反而會說自己沒時間或錢很緊，可是就是因為他一直待在原來的思想軌道裡面，才會愈過愈緊、愈過愈窮忙啊？

他怎麼還覺得可以任這個「苦果」，繼續去限制自己的未來，讓自己不能去求助、成長呢？所以很高興看到你在這關頭，再度回來整理自己，因為能夠帶著一個升級版的自己回家，我認為這才是你對你的家庭，最有益處的奉獻了。

今天的時間到了，很謝謝大家的用心聆聽、與真誠的討論，如果生活中遇到什麼問題，記得拿個筆記本把它們記下來，在兩週一次的上課時，你們就可以提出來討論。相信大家常常都體驗到了，有把問題提出來討論的人，自己就會比剛進來的時候，更發亮地走出教室，那就是因為更多的智慧進入你的思考以後，你的心感到對自己的未來，更有希望了。

國家圖書館出版品預行編目資料

與佛對話：來自宇宙的拾堂高階心靈課 / 章成
著. -- 三版. -- 臺北市：商周出版：英屬蓋曼群島商
家庭傳媒股份有限公司城邦分公司發行, 2023.07
面；　　公分. --（Open Mind；15）

ISBN 978-626-318-728-3 (平裝)

CTS：靈修

192.1　　　　　　　　　　　　112008149

Open Mind 15

與佛對話（暢銷改版）——來自宇宙的拾堂高階心靈課

作　　者 / 章成、M・FAN
企畫選書人 / 徐藍萍
責任編輯 / 羅珮芳

版　　權 / 吳亭儀、江欣瑜
業務行銷 / 周佑潔、賴正祐、賴玉嵐
總 編 輯 / 黃靖卉
總 經 理 / 彭之琬
事業群總經理 / 黃淑貞
發 行 人 / 何飛鵬
法律顧問 / 元禾法律事務所王子文律師
出　　版 / 商周出版
台北市104民生東路二段141號9樓
電話：(02) 25007008　傳眞：(02)25007759
blog:http://bwp25007008.pixnet.net/blog
E-mail：bwp.service@cite.com.tw
發　　行 / 英屬蓋曼群島商家庭傳媒股份有限公司 城邦分公司
台北市中山區民生東路二段141號2樓
書虫客服服務專線：02-25007718；25007719
服務時間：週一至週五上午09:30-12:00；下午13:30-17:00
24小時傳眞專線：02-25001990；25001991
劃撥帳號：19863813；戶名：書虫股份有限公司
讀者服務信箱：service@readingclub.com.tw
城邦讀書花園：www.cite.com.tw
香港發行所 / 城邦（香港）出版集團有限公司
香港灣仔駱克道193號東超商業中心1樓_ E-mail:hkcite@biznetvigator.com
電話：(852) 25086231　傳眞：(852) 25789337
馬新發行所 / 城邦（馬新）出版集團【Cite (M) Sdn. Bhd.】
41, Jalan Radin Anum, Bandar Baru Sri Petaling,
57000 Kuala Lumpur, Malaysia
電話：（603）90563833　傳眞：（603）90576622
email:service@cite.com.my

封面設計 / 張燕儀
版型設計 / 洪菁穗
排　　版 / 立全電腦印前排版有限公司
印　　刷 / 前進彩藝有限公司
經　　銷 / 聯合發行股份有限公司
地址：新北市231新店區寶橋路235巷6弄6號2樓
電話：(02) 2917-8022　傳眞：(02) 2911-0053

■2011年1月11日初版
■2023年7月4日三版

Printed in Taiwan

定價380元

城邦讀書花園
www.cite.com.tw

 ISBN 978-626-318-728-3

廣　告　回　函
北區郵政管理登記證
北臺字第000791號
郵資已付，免貼郵票

104　台北市民生東路二段141號2樓

英屬蓋曼群島商家庭傳媒股份有限公司城邦分公司　收

請沿虛線對摺，謝謝！

書號：BU7015Y	書名：與佛對話（暢銷改版）	編碼：

請於此處用膠水黏貼

讀者回函卡

不定期好禮相贈！
立即加入：商周出版
Facebook 粉絲團

感謝您購買我們出版的書籍！請費心填寫此回函卡，我們將不定期寄上城邦集團最新的出版訊息。

姓名：______________________________ 性別：☐男 ☐女

生日：西元__________年__________月__________日

地址：______________________________

聯絡電話：______________ 傳真：______________

E-mail：

學歷：☐ 1. 小學 ☐ 2. 國中 ☐ 3. 高中 ☐ 4. 大學 ☐ 5. 研究所以上

職業：☐ 1. 學生 ☐ 2. 軍公教 ☐ 3. 服務 ☐ 4. 金融 ☐ 5. 製造 ☐ 6. 資訊
☐ 7. 傳播 ☐ 8. 自由業 ☐ 9. 農漁牧 ☐ 10. 家管 ☐ 11. 退休
☐ 12. 其他______________

您從何種方式得知本書消息？

☐ 1. 書店 ☐ 2. 網路 ☐ 3. 報紙 ☐ 4. 雜誌 ☐ 5. 廣播 ☐ 6. 電視
☐ 7. 親友推薦 ☐ 8. 其他______________

您通常以何種方式購書？

☐ 1. 書店 ☐ 2. 網路 ☐ 3. 傳真訂購 ☐ 4. 郵局劃撥 ☐ 5. 其他______

您喜歡閱讀那些類別的書籍？

☐ 1. 財經商業 ☐ 2. 自然科學 ☐ 3. 歷史 ☐ 4. 法律 ☐ 5. 文學
☐ 6. 休閒旅遊 ☐ 7. 小說 ☐ 8. 人物傳記 ☐ 9. 生活、勵志 ☐ 10. 其他

對我們的建議：______________________________

____

____

請於此處用膠水黏貼